POLYGLOTT on tour

Venedig

Die Autorinnen

Christine Hamel

arbeitet heute als freie Publizistin in München, lebt aber auch jedes Jahr viele Wochen in Oberitalien – seit Kindheitstagen ihre zweiteHeimat.

Gudrun Raether-Klünker

ist als Lektorin und freie Journalistin tätig. Sie hat mehrere Reiseführer sowie zahlreiche Reisereportagen veröffentlicht. Eines ihrer unangefochtenen Lieblingsziele ist Venedig, das sie seit Jahren regelmäßig besucht.

REISEPLANUNG

LAND & LEUTE

Allgemeine Karten

Stadtteil-Karten

TOP-TOUREN IN VENEDIG

Erst-! klassig

N
0
500 m
Cannaregio S. 93
San Marco S. 59
San Polo, Santa Croce S. 81
Canal Grande S. 52
Dorsoduro S. 117
Mestre
Isola del Tronchetto
Ponte della Libertà
Canale Colambola
S. Alvise
SECCHIERE
Rio dei Riformati
S. Alvise
Mad. dell'Orto
Canale delle Navi
Madonna dell'Orto
P.te d. Tre Archi
R. di S. Girolamo
Rio del Battello
S. Girolamo
Rio della Sensa
C.po Ghetto Nuovo
Can. di Cannaregio
S. Giobbe
P.te d. Guglie
CANNA- REGIO
Sacca d. Misericordia
R. T. S. Leonardo
S. M. Valverde
S. Geremia
S. Marcuola
La Maddalena
Gesuiti
S. Fosca
Rio Terrà Lista d. Spag.
S. Marcuola
Grande
Riva di Biasio
Canal
S. Felice
Rio di S. Catarina
Fond. Nuove
Staz. FS S. Lucia
Ferrovia Scalzi
S. Sim. Grande
S. Stae
S. Stae
S. CROCE
Strada Nova
Ca' d'Oro
SS. Apostoli
R. d. Panada
S. Lazzaro Mendicanti
Ospedale Civile
P.le Roma
Fond. S. Lucia
P.te de la Costituzione
Ferrovia S. Lucia
S. Simone Picc.
Rio Marin
S. Giacomo dall'Orio
Rio Pesaro
Rio di S. Cassiano
Pescheria
S. Cassiano
Rio dei Mendicanti
Giardino Papadopoli
S. POLO
S. Giacomo di Rialto
SS. Giovanni e Paolo
Rio di Marina
S. Francesco della Vigna
Piazzale Roma
Rio Nuovo
S. Nicolò da Tolentino
S. Rocco
C.po S. Polo
S. Silvestro
P.te di Rialto
Rialto
S. Maria Formosa
Can. di S. M. Magg.
R. T. d. Pensieri
Scuola S. Rocco
S. Maria G. dei Frari
S. Silvestro
S. Salvadore
Rio d. Fava
S. Lorenzo
Rio di S. Lorenzo
S. Antonio
S. Pantalon
S. Tomà
Canal Grande
S. Luca
S. MARCO
S. Angelo
C.po Manin
C.po S. Margherita
Ca' Foscari
S. Marco
C.po Bandiera e Moro
S. Teresa
Ca' Rezzonico
S. Samuele
S. Angelo
Piazza S. Marco
S. Zaccaria
Rio di Santa
Carmini
Rio di S. Barnaba
C.po S. Stefano
La Fenice
R. degli Schiavoni
Ca' Rezzónico
S. Marco
S. Zaccaria
S. Nicolò
S. Angelo Raffaele
S. Maria d. Giglio
S. Moisè
S. Sebastiano
DORSODURO
Accademia
S. Maria d. Giglio
S. Marco/ Vallaresso
Arsenale
Staz. Marittima
Accademia
Canal Grande
P.ta d. Dogana
Rio d. Ognissanti
F. Zattere P.te Lungo
Salute
S. Basilio
S. Trovaso
Rio d. Fornace
Canale
S. Agnese
S. Maria d. Salute
Sacca Fisola
Canale
Gesuati
Zattere
S. Giorgio
Sacca Fisola
C. del Lavraneri
della
S. Giorgio Maggiore
Isola di S. Giorgio Maggiore
Isola
S. Eufemia
Giudecca (Palanca)
Giudecca
Canale di S. Giorgio
Zitelle
Sacca S. Biagio
della
S. Eufemia
Rio di S. Eufemia
Giudecca
GIUDECCA
S. Maria d. Presentazione
Teatro Verde
Redentore
R. d. Ponte Lungo
SS. Redentore
Serennella
Muran
S. Michele
Cimitero
Canale delle

Zeichenerklärung der Karten

- 6 — Top 12 Tipp
- beschriebenes Stadtviertel (Seite=Kapitelanfang)
- 32 oder A — Sehenswürdigkeiten
- 4 — Tourenvorschlag in Stadt
- Autobahn
- Schnellstraße
- Hauptstraße
- sonstige Straßen
- Fußgängerzone
- Eisenbahn
- Staatsgrenze
- Landesgrenze
- Nationalparkgrenze

POLYGLOTT Top 12

1. Fahrt über den Canal Grande
2. Blick vom Campanile
3. Basilica di San Marco
4. Mercato di Rialto
5. Scuola Grande di San Rocco
6. Bàcaro-Besuch
7. Santi Giovanni e Paolo
8. Gallerie dell'Accademia
9. Gondelfahrt und -werkstätten
10. Campo Santa Margherita
11. Torcello
12. Lido

REISE-PLANUNG

Der weltberühmte Markusplatz in der Dämmerung

Die Stadtviertel im Überblick

Weltwunder Venedig: Keine andere Stadt der Erde hat über Jahrhunderte eine Architektur ausgebildet, die buchstäblich ins Wasser gebaut ist. Rund 20 Mio. Besucher strömen Jahr für Jahr in die romantische Lagunenstadt, die von oben betrachtet die Form eines Fisches hat.

Venedig ist seit Mitte des 12. Jh. in sechs Stadtbezirke gegliedert, die sogenannten *sestieri:* San Marco, San Polo, Santa Croce, Cannaregio, Castello und Dorsoduro mit den Inseln Giudecca und San Giorgio Maggiore. Jeder Stadtteil trägt seine unverkennbar eigenen Züge und besitzt eine ganz unverwechselbare Atmosphäre.

San Marco, das einstige Wirtschafts- und Machtzentrum der Serenissima, ist zugleich die Bühne und das Herz der Stadt. Hier befinden sich mit dem Markusplatz, der Basilica di San Marco, dem Dogenpalast und dem Campanile einige der wichtigsten Sehenswürdigkeiten.

Santa Croce und **San Polo** liegen im Inneren der Kanalschleife und gehen nahtlos ineinander über. Die Rialtobrücke und der bunte, quirlige Markt bilden Hauptanziehungspunkte für Besucher.

Cannaregio, das ruhige Wohnviertel nördlich des Canal Grande mit seinen breiten Uferstraßen war das klassische Arbeiterviertel der Stadt. Hier entstand das jüdische Ghetto. Sehr beschaulich am Tage, bietet Cannaregio am Abend eine interessante Kneipen- und Musikszene.

Castello ist das größte Stadtviertel Venedigs und liegt östlich von San Marco, quasi im »Schwanz des Fisches«. Geprägt ist es vom Arsenale, der ehemals bedeutenden Werft. Arbeiter und Fischer haben hier ihre bescheidenen Häuser, während die Riva degli Schiavoni, die breite Promenade am San-Marco-Becken, von prächtigen Palazzi gesäumt ist. Im Osten liegen die Gärten der Biennale.

SEITENBLICK

Im Labyrinth der Gassen – Orientierung in den Sestieri

Es ist ein Kunststück, sich in Venedig zurechtzufinden, zumal es keine wirklich exakten Stadtpläne gibt. Einzige Ausnahme: der »Falk Cityplan Venedig«. Wer sich in den Gassen verfranst, sollte auf die Hinweisschilder an den Hauswänden achten, die entweder nach San Marco, Rialto, zum Bahnhof (F), zum Piazzale Roma, auf den nächsten Campo oder zur nächstgelegenen Vaporetto- oder Traghetto-Station leiten. Von dort kann man sich dann wieder neu orientieren.

Venezianische Adressen bestehen aus dem Sestiere und einer Hausnummer. Diese Hausnummern sind im jeweiligen Stadtviertel fortlaufend verteilt, für Fremde ein nicht zu entschlüsselndes System, das auf napoleonische Zeit zurückgeht. Insgesamt 29 254 Hausnummern soll es in Venedig geben.

Punta Dogana am Beginn des Canal Grande, mit Blick auf San Marco

Dorsoduro, der »harte Rücken«, benannt nach dem Felsgestein, auf dem es erbaut wurde, erstreckt sich zwischen Canal Grande und Canale della Giudecca. Hier bestimmen die Venezianer das Straßenbild. Heute liegen hier wichtige Kunstpaläste: die Collezione Peggy Guggenheim, die Gallerie dell'Accademia und die Punta della Dogana. Exponiert erhebt sich Santa Maria della Salute. Zu Dorsoduro gehören auch die Inseln La Giudecca und San Giorgio Maggiore.

Die 518 km² große Lagune umfasst eine Reihe weiterer Inseln, die einen Besuch wert sind. Dazu gehören u.a. die Friedhofsinsel **San Michele, Murano,** berühmt für seine Glasbläserkunst, **Burano,** wo traditionell Spitzen hergestellt werden, und das beschauliche **Torcello.** Nicht zuletzt wegen der jährlichen Filmfestspiele berühmt ist der **Lido,** der sich als schmaler Sandstreifen vor Venedig erstreckt.

Extra-Touren

Tour 1 Venedig an einem Tag

Tour-Übersicht:

Fahrt über den Canal Grande › Piazza San Marco › Basilica di San Marco › Dogenpalast › Riva degli Schiavoni › Gran Teatro La Fenice › Ponte dell'Accademia › Scuola Grande di San Rocco › Frari-Kirche › Campo San Polo › Rialtobrücke › Bahnhof Santa Lucia

Dauer:

Reine Gehzeit 4 Std.

Praktische Hinweise:

Ausgangs- und Endpunkt ist die Vaporetto-Station Ferrovia (Bhf. Santa Lucia). Für Tagesbesucher ideal ist die 12 Std. gültige Vaporetto-Fahrkarte, die man über Venice Connected erhält › **S. 139.**

Venedigs berühmteste Brücke: der Ponte di Rialto

Sehr zum Verdruss der Stadtväter halten sich die meisten Besucher genau einen Tag in der Stadt auf. Viel zu wenig Zeit, um das faszinierende Venedig wirklich kennenzulernen, doch ausreichend, um einen ersten Eindruck von der weltweit einzigartigen Lagunenstadt mit ihren Kanälen, Palazzi und Kirchen zu gewinnen.

Als Auftakt sollten Sie über den ***Canal Grande › S. 52** bis San Marco fahren, vorbei an grandiosen Architekturdenkmälern, repräsentativen Palazzi und Handelshäusern. Die ***Piazza San Marco › S. 61** ist das Herzstück und touristische Zentrum der Stadt. Hier lohnt sich die Fahrt mit dem Aufzug auf den **Campanile › S. 65**, von wo aus man einen fantastischen Blick über Venedig genießt, bis hin zu den Alpen. Nehmen Sie sich auf dem lebhaften Markusplatz etwas Zeit für die Betrachtung der Fassade der ***Basilica di San Marco › S. 65**, des **Dogenpalasts › S. 67** und der **Torre dell'Orologio › S. 73**. Schlendern Sie dann auf der Uferpromenade, der **Riva degli Schiavoni › S. 105** ein Stück gen Osten, werfen einen Blick auf die **Seufzerbrücke › S. 72** und die zum Greifen nahe, malerische Klosterinsel ****San Giorgio Maggiore › S. 128**.

Den anschließenden Bummel in westlicher Richtung durch San Marco, zum berühmten ****Gran Teatro La Fenice › S. 74** kann man bestens mit einer Shoppingtour verbinden. Zum Mittagessen empfiehlt sich das Antico Martini **› S. 25**. Weiter geht es über den **Ponte dell'Accademia › S. 57** nach Dorsoduro. Zauberhafte Geschäfte (Kunstgalerien, Kunsthandwerk, Masken etc.) laden zum entspannten Einkaufsbummel ein, und am lauschig-romantischen **Campo San Barnaba › S. 126** lässt sich herrlich verschnaufen. Folgen Sie der Beschilderung zum Vaporetto-Anleger Ca' Rezzonico und fahren Sie bis San Tomà. Von dort ist es nicht weit zur ****Scuola Grande di San Rocco**

› S. 90 sowie zur Kirche ****Santa Maria Gloriosa dei Frari** › S. 89. Weiter geht der Bummel über den zweitgrößten Platz Venedigs, den ****Campo San Polo** › S. 85, wo die Kirche San Polo Tintorettos »Abendmahl« birgt, zum weltberühmten ***Ponte di Rialto** › S. 80. Legen Sie in einem der zahlreichen Bàcari (Weinlokale) einen Stopp ein, bevor Sie durch San Polo und Santa Croce langsam wieder Richtung Bahnhof spazieren.

Tour 2 Ein verlängertes Wochenende in der Lagunenstadt

Tour-Übersicht:
Piazza San Marco › Riva degli Schiavoni › San Giorgio Maggiore › La Fenice › Campo Santo Stefano › Rialto › Campo San Polo › Scuola Grande di San Rocco › Frari-Kirche › Rialtomarkt › Galleria dell'Accademia › Collezione Peggy Guggenheim › Santa Maria della Salute › Punta della Dogana › Ghetto › Madonna dell'Orto › Ca' d'Oro › Canal Grande › Piazza San Marco

Dauer:
1. Tag: Gehzeit 3 Std., Besichtigung Basilica di San Marco ca. 30 Min., Besichtigung Dogenpalast ca. 2 Std.
2. Tag: Gehzeit 2 Std., für die Museen jeweils 2 Std. einplanen
3. Tag: Gehzeit 4 Std., Führung durch das Ghetto 40 Min.

Praktische Hinweise:
Um die Basilica di San Marco von innen zu besichtigen, sollte man sich spätestens um 8.30 Uhr anstellen. Auf angemessene Kleidung achten, Shorts und ärmellose Tops sind tabu (Umhänge werden ausgeliehen). Rialto-Fischmarkt: Di–Sa vormittags.

Am **ersten Tag** ist die Besichtigung der *****Basilica di San Marco** › S. 65 sowie des ****Dogenpalasts** › S. 67 ist Pflichtprogramm. Anschließend trinkt man einen Kaffee im berühmten **Caffè Florian** › S. 64 oder speist im Do Forni › S. 78 und bummelt dann die **Riva degli Schiavoni** › S. 105 entlang. Der Blick auf die im Wasser schaukelnden Gondeln und auf die Klosterinsel ****San Giorgio Maggiore** › S. 128, wohin man von San Zaccaria aus übersetzen kann, ist einzigartig. Wieder zurück auf dem Markusplatz, bietet sich ein Einkaufsbummel in San Marco an – und die einstündige Besichtigung des Theaters ****La Fenice** › S. 74. Nehmen Sie am Spätnachmittag auf dem **Campo Santo Stefano** › S. 76 einen Aperitif und fahren Sie dann ab Accademia bis ***Rialto** › S. 80, 83.

Ponte dei Sospiri: die legendäre Seufzerbrücke am Dogenpalast

Den **zweiten Tag** beginnt man mit einem gemütlichen Bummel durch San Polo. 5 Minuten Fußweg liegen zwischen der Vaporettostation San Silvestro und dem ****Campo San Polo** › S. 85, wo etliche Cafés zum Verweilen einladen. Danach bietet sich die Besichtigung der ****Scuola Grande di San Rocco** › S. 90 und der Kirche ****Santa Maria Gloriosa dei Frari** › S. 89 an, bevor man weiterschlendert zum quirligen ***Rialtomarkt** › S. 84. Mit dem Vaporetto geht es von dort bis zum Anleger Accademia. Auf Kunstfreunde warten gleich vier Leckerbissen: die ****Gallerie dell'Accademia** › S. 119, die ***Collezione Peggy Guggenheim** › S. 120, das ****Museum für zeitgenössische Kunst** an der **Punta della Dogana** › S. 122 und die grandiose Barockkirche **Santa Maria della Salute** › S. 120.

Am **dritten Tag** spaziert man vom Bahnhof aus durch den stillen Stadtteil Cannaregio. Durch das ehemalige **Jüdische Ghetto** › S. 97 werden Führungen angeboten, die auch einen Besuch des Museo Ebraico einschließen. Danach schlendert man zur Kirche ***Madonna dell'Orto** › S. 100, in der Tintoretto begraben liegt. Weiter geht es zur prächtigen ****Ca' d'Oro** › S. 101; als krönenden Abschluss fährt man von dort über den *****Canal Grande** › S. 53 zum Markusplatz.

Tour 3 Die wichtigsten Kirchen Venedigs

Tour-Übersicht:
Basilica di San Marco › Santi Giovanni e Paolo › Madonna dell'Orto › Maria Gloriosa dei Frari

Dauer:
Insgesamt 7 Std.

Praktische Hinweise:
Für die Besichtigung von mehreren Kirchen lohnt sich unbedingt der **Chorus Pass** › S. 139. Die nächstgelegenen Vaporettostationen für die Kirchen sind: Basilica di San Marco – San Marco/Vallaresso; Santi Giovanni e Paolo – Rialto; Madonna dell'Orto – Madonna dell'Orto (im Norden von Cannaregio) oder S. Marcuola (auf dem Canal Grande); Maria Gloriosa dei Frari – S. Tomà.

Es sind grandiose Meisterwerke, die in den Kirchen Venedigs zu bestaunen sind, geschaffen von so berühmten Künstlern wie Bellini, Tizian, Tintoretto … Wer die eindrucksvollen Kirchenbauwerke und ihre Gemälde besichtigen will, wird sich zwischen Superlativen bewegen. Und, was schwerer wiegt, er wird sich entscheiden müssen! Denn alle 115 Kirchen Venedigs zu besuchen ist schlicht nicht möglich. Folgende Gotteshäuser sollte man jedoch auf keinen Fall versäumen: die ***__Basilica di San Marco__ › S. 65 mit dem größten zusammenhängenden Mosaik der Welt (San Marco), die Kirche **__Santi Giovanni e Paolo__ › S. 110, Grabstätte von 27 Dogen und anderen wichtigen Persönlichkeiten der Serenissima (Castello), *__Madonna dell'Orto__ › S. 100, die berühmte Tintoretto-Kirche (Cannaregio), und natürlich **__Santa Maria Gloriosa dei Frari__ › S. 89, in der Tizian begraben liegt (San Polo). Wer diese sakralen Bauwerke nacheinander ansteuert, lernt zugleich vier der sechs Stadtteile Venedigs zumindest ausschnittsweise kennen.

Monument für den Dogen Giovanni Pesaro in S. M. Gloriosa dei Frari

SPECIAL

Auf Brunettis Spuren

Geheimnisvoll, labyrinthisch: Venedig ist eigentlich ein prädestinierter Schauplatz für Verbrechen. Guido Brunetti, der liebenswerte Commissario in Donna Leons Venedig-Krimis, nimmt uns mit in die stillen Ecken der Stadt, durch die verwinkelten Gassen, ins Teatro La Fenice, ins Arsenale, auf seine Terrasse mit Traumblick über den Canal Grande und natürlich ins Bàcaro …

Zwar weiß man in Venedig selbst quasi nichts von ihm und all den Fällen, die mit Korruption, Mafia, Drogenmilieu, Immobilien- und Giftskandalen zu tun haben. Denn die Bücher sind auf ausdrücklichen Wunsch der Autorin, die selbst in Venedig lebt, nie auf Italienisch erschienen. Doch z.B. in Deutschland gibt es mittlerweile eine regelrechte Donna-Leon-Fangemeinde.

Da möchte man gern all die Plätze und Orte aufsuchen, die einem aus den Büchern und den Filmen so vertraut scheinen – doch das ist leichter gesagt als getan. Die Schauplätze im Buch sind nicht identisch mit denen im Film, und Innen- und Außenaufnahmen einer Location passen nicht unbedingt zusammen. Da ist Spürsinn gefragt!

Spurensuche

Krimifans, die sich vorab im Internet unter www.brunettistadtplan.de informieren, werden es etwas leichter haben. Wer es genauer wissen möchte, der sollte eine thematische Führung buchen: **Dr. Susanne Kunz-Saponaro,** Kunsthistorikerin und offizielle Fremdenführerin Venedigs, bietet eine spannende, rund zweistündige private Commissario-Brunetti-Führung an, bei der man zugleich viel über Venedigs Stadtgeschichte erfährt (nähere Infos unter Mobil-Tel. 00 39/33 82 20 04 19, www.stadtfuehrungen-venedig.de).

Zwei Bücher zur individuellen Spurensuche sind **Mit Brunetti durch Venedig** von Toni Speda (Diogenes, 2012) sowie **Auf den Spuren von Commissario Brunetti** von Elisabeth Hoffmann und Karl-L. Heinrich (Harms, 2010).

Klima & Reisezeit

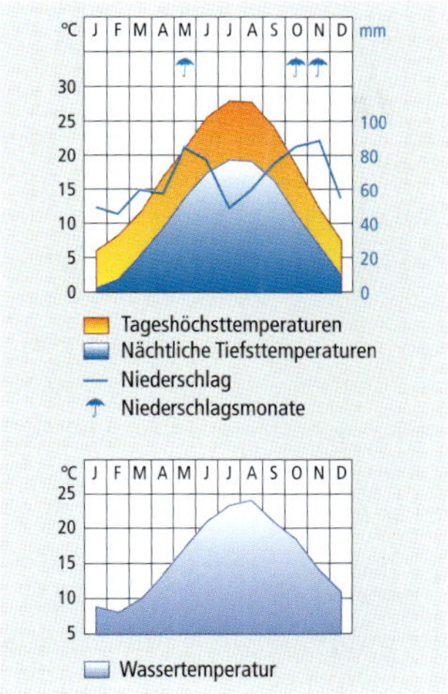

Sonniges Badewetter in den Sommermonaten, Nebel im Winter, milchiges Frühjahrs- und Herbstlicht – Venedig hat immer Saison. Im Winter wird der Gefrierpunkt nie erreicht, und in der Sommerhitze weht immer ein Lüftchen. Der Winter steckt voller Überraschungen – ein Tag mit Hochwasser, am nächsten Nebel und dann blauer Himmel mit Sonne. Schnee ist selten; wenn er liegen bleibt, ist die Wasserstadt für ein paar Stunden ein einziger überzuckerter Traum.

Die ruhigste Reisezeit sind die Monate von November bis zum Karneval, allerdings kann es dann auch recht kalt werden. Im Karneval platzt die Stadt förmlich aus den Nähten, sämtliche Zimmer sind lange im Voraus ausgebucht. Auch zu anderen Festlichkeiten herrscht in Venedig viel Gedränge: zur bildgewaltigen Vogalonga im Mai, zur Festa della Sensa am ersten Sonntag nach Himmelfahrt, oder zu *ferragosto,* Mariä Himmelfahrt (Näheres › **S. 47–49**). Alle zwei Jahre (2015, 2017, 2019) wird Venedig von Juni bis Oktober zur Kulisse für die Kunst-Biennale › **S. 115**. Auf dem Lido beginnen Ende August/Anfang September die Internationalen Filmfestspiele, dann sind viele Stars und Sternchen zu Gast in der Stadt.

Anreise

Mit dem Flugzeug

Vom **Flughafen Marco Polo** (www.veniceairport.it) in Tessera bei Mestre bestehen Verbindungen zu den wichtigsten Städten in Deutschland, Österreich und der Schweiz. Der Flughafen liegt etwa 11 km vom Stadtzentrum entfernt. Anbindung an Venedig: mit den A.C.T.V.-Bussen der Linie 5 oder dem A.T.V.O-Expressbus in etwa 25 Min. zum Piazzale Roma (Fahrschein vorher lösen, 6/7 €, günstiger wird es, wenn man eine Tourist Travel Card für die Actv-Vaporetti kauft › **S. 17, 139**), übers Wasser mit Alilaguna im Stundentakt via Lido nach San Marco (90 Min., 15 €, ermäßigte Online-

Tickets und Informationen unter www.alilaguna.it und www.venicelink.com) oder per Wassertaxi (ca. 100 €, 30 Min., › S. 17); Alternative: privater Wassertaxi-Service (2-mal/Std., 30 €).

Der **Flughafen Treviso** (www.trevisoairport.it) liegt ca. 30 km von Venedig entfernt auf einem ehemaligen Militärflugplatz und wird von Billigfliegern wie Ryanair angeflogen. Mit dem A.T.V.O-Eurobus gelangt man vom Flughafen nach Venedig (Piazzale Roma, 40 Min., 7 €)

Mit dem Auto

Der schnellste Weg via Bayern bzw. Tirol führt über die Brennerautobahn A 22, die bei Verona auf die A 4 Mailand–Venedig trifft, oder über die Tauernautobahn von der Kärntner Grenze bei Tarvisio auf der A 23 über Udine, die bei Palmanova auf die A 4 Triest–Venedig stößt. Für die österreichischen Autobahnen benötigt man eine Vignette, die Autobahnmaut in Italien kann man auch bargeldlos bezahlen: per **VIAcard,** die es an der Grenze, an Raststätten und bei den Automobilclubs gibt, oder sogar ohne Anhalten an der Mautstation per **Telepass** (Infos: www.tolltickets.com).

Im Falle eines Unfalls muss die Grüne Versicherungskarte vorgelegt werden. Ferner ist eine Warnweste zwingend vorgeschrieben (griffbereit). Tempolimits: Autobahn 130 km/h (Nässe 110 km/h), Schnellstraße 110 km/h (Nässe 90 km/h), Landstraße 90 km/h, innerorts 50 km/h. Auf Fernstraßen muss auch tagsüber mit Abblendlicht gefahren werden.

Den **italienischen Automobilclub ACI** erreicht man rund um die Uhr unter Tel. 80 31 16 oder 80 00 01 16 bzw. www.aci.it.

Parken ist im Parkhaus am Piazzale Roma (30 €/24 Std.), im Parkhaus Autorimessa Comunale (24 €/24 Std.) und am Parkplatz Tronchetto (21 €/24 Std.) möglich. Reservierungen unter www.garagesanmarco.it oder www.veniceconnected.com. Vom Tronchetto verkehren im 10-Minuten-Takt Vaporetti zum Zentrum, die Autofähre 17 steuert den Lido an. Weitere Parkplätze auf dem Festland sind Fusina und San Giuliano (Mestre; Juni bis Sept.). Der Bus verbindet Mestre mit dem Piazzale Roma in Venedig, von Fusina Schiffsverbindung zum Anleger Zattere. Besonders günstig: Parkplatz Marco Polo 2002 am Flughafen (5 bzw. 7 €/24 Std., 30 € pro Woche, www.marcopolo2002.com).

Mit der Bahn

Ein grandioser Auftakt! Der Zug fährt über Mestre, dann über den rund 4 km langen Ponte della Libertà, der das Festland mit Venedig verbindet, in die Lagunenstadt zum Bahnhof Santa Lucia, direkt am Canal Grande! Von hier aus geht es zu Fuß oder mit dem Vaporetto (Station Ferrovia) weiter. Die Linien 1, 2 und N verkehren von Santa Lucia zum Markusplatz. Venedig ist über das internationale Fernzügenetz mit Deutschland, Österreich und der Schweiz verbunden.

Verkehr in der Lagune

Vaporetto

Am Autoparkplatz Piazzale Roma legen die drei wichtigsten *vaporetti,* die Linienboote der städtischen Verkehrsbetriebe, an. An den Schalterhäuschen löst man Fahrscheine (Einzelfahrt mit Umsteigemöglichkeit 7 €, außerdem Tourist Travel Card für verschiedene Zeitspannen, vom 12-Std.-Ticket à 18 € bis zum 7-Tage-Ticket à 50 € › **S. 139**); ein Stück Handgepäck ist im Preis enthalten, weitere Koffer kosten extra.

Die Vaporetti fahren von 5 Uhr früh bis ca. 23 Uhr im 10- bis 20-Minuten-Takt, auf den Hauptwasserstraßen die ganze Nacht hindurch. Fahrpläne findet man auch an den Anlegestellen. Im Winter verkehren andere Linien als im Sommer. Weitere Infos unter www.actv.it.

Für eine Stadtrundfahrt eignen sich die **Ringlinien 4.1/4.2** und **5.1/5.2**, die das historische Zentrum umrunden. Für eine Sightseeingtour auf dem Canal Grande empfiehlt sich die **Linie 1**, die alle Haltestellen ansteuert und bis zum Lido fährt. **Linie 2** legt am Tronchetto ab, fährt den Canal Grande entlang bis zum Lido (im Winter bis San Zaccaria), hält jedoch nicht an allen Anlegestellen. Relativ neu ist das **Vaporetto dell' Arte,** das gezielt Museen und Sehenswürdigkeiten ansteuert (24 €/24 Std; 10 € in Kombination mit dem Actv-Ticket; Infos unter www.vaporettoarte.com).

Die **Linien 3, 13, 4.1** und **4.2** fahren nach Murano, die **Linie 12** auch nach Burano.

Wassertaxi

Die rund 100 Wassertaxis *(motoscafi)* sind schnell und teuer, dürfen aber auch für Vaporetti gesperrte Wasserstraßen befahren. Die Fahrt vom Piazzale Roma bis San Marco kostet z.B. ca. 65 €. Infos: Tel. 04 15 22 23 03, www.motoscafivenezia.it.

Hüten Sie sich vor PRIVATEN WASSERTAXIBETREIBERN OHNE GÜLTIGE LIZENZ, die völlig überhöhte Preise verlangen. Lizenzierte Motoscafi erkennt man an gelben, z.T. auch grünen oder roten, am Boot gut sichtbar angebrachten Aufklebern/Tafeln.

Unter Venedigs Brücken wird es bisweilen eng für die Boote

SPECIAL

Mit Kindern in der Stadt

Kinder mögen Venedig in der Regel! Vorausgesetzt, man schleift sie nicht ausschließlich in Kirchen und Museen. Von den Wasserstraßen, den Gondeln, schnellen Wassertaxis und Polizeibooten sind die meisten Kinder völlig fasziniert. Falls der Nachwuchs dann doch quengelig wird, sollte man noch ein paar Joker in der Tasche haben.

Geheimgänge im Dogenpalast

Im Dogenpalast sind es in erster Linie die **Prigioni Nuove** › S. 72 (Neue Gefängnisse), die abenteuerlustige, etwas ältere Kinder interessieren. Deshalb ist ein Besuch der aufregenden, düsteren Geheimgänge, die zu den Folterkammern und Verliesen führten, unerlässlich. Spannend sind auch die Bleikammern, in denen die Gefangenen sommers in unerträglicher Hitze schmorten, während die feuchte Kälte der Pozzi, der Brunnen im Erdgeschoss, den Insassen in die Glieder fuhr und ihre Gesundheit ruinierte (in letzteren Bereich geht es nur im Rahmen von speziellen Führungen, Infos an der Kasse).

Fahrt auf den Campanile

Das Anstehen zwischen den flatternden Tauben am Markusplatz lohnt sich. Denn der Blick vom 99 m hohen Campanile › S. 65 (Aufzug) begeistert Kinder.

Museo Storico Navale (Schifffahrtsmuseum)

Historische Geräte, Kanonen und andere Waffen sowie die unterschiedlichsten Schiffsmodelle inklusive der Rekonstruktion des letzten Bucintoro, wie die Prunkschiffe der Dogen hießen, sind hier zu bestaunen › S. 113.

Führungen für Kids

»Auf den Spuren des Markuslöwen« oder » … des Herrn der Diebe« von Cornelia Funke – bei diesen speziell für Kinder entwickelten Führungen kommt garantiert keine Langeweile beim Nachwuchs auf. Die Stadtführerin Dr. Kunz-Saponaro erzählt den Schützlingen anschaulich spannende Dinge über Venedig und bringt ihnen Geschichte und Bedeutung der Stadt spielerisch nahe. Aktuelle Infos:

- **Dr. Susanne Kunz-Saponaro**
  Mobil-Tel. 00 39/33 82 20 04 19
  www.stadtfuehrungen-venedig.de

Radtour auf dem Lido

Eine nette Abwechslung zum Pflastertreten ist eine Radtour, z.B. mit dem Family Bike für 4 Pers. (16 €/Std.) über den Lido. Wenig Verkehr, keine Steigungen und ein Radweg über weite Strecken direkt am Meer entlang machen die Tour zu einem entspannten Vergnügen für die ganze Familie. Mehrere Radverleihe findet man nahe der Vaporetto-Anlegestelle S. Maria Elisabetta, z.B.

- **Lidoonbike**
  Lido, Gran Viale 21/B
  Tel. 04 15 26 80 19
  www.lidoonbike.it

Gelati, Gelati …

Der Kinder-Joker schlechthin! Eis schmeckt nun mal nirgendwo so gut wie in Italien – und für Venetien gilt das ganz besonders, denn hier lernen die meisten Eismacher ihr Handwerk.

- **Boutique del Gelato**
  In der winzigen Eisdiele gibt es angeblich das beste Eis Venedigs.
  Castello 5727
  Salizzada San Lido

Karnevalsmasken

Selbst vom Sightseeing genervte Kids werden bei derart fantasievollen, farbenprächtigen und glitzernden Karnevalsmasken und -kostümen wieder munter. Gern erläutert man in der Werkstatt, wie die kunstvollen Masken gefertigt werden.

- **Ca' del Sole**
  Castello 4964
  Fondamenta Osmarin
  Tel. 04 15 28 55 49
  www.cadelsolmascherevenezia.com

Erholungspausen

Ein Päuschen einlegen kann man in den **Giardini Pubblici** › S. 114. Hier können die Kinder laufen, schaukeln und sich austoben. In Santa Croce bietet sich der **Giardino Papadopoli** mit Spielplätzen und Bänken an. Noch attraktiver ist im Hochsommer das **Baden am Lido** › S. 136: Nur 10 Min. dauert die Überfahrt, und in weiteren 10 Min. ist man am Strand. Selbst kleine Kinder können gefahrlos am sanft abfallenden Ufer im Wasser planschen. Eine herrliche Erfrischung an heißen Sommertagen!

Traghetto

Ganze vier Brücken überspannen den Canal Grande: der Ponte degli Scalzi, die Rialtobrücke, die Accademia-Brücke und der 2008 eröffnete Ponte della Costituzione vom Bahnhof zum Piazzale Roma. Folglich sind Gondelfähren notwendig, die an verschiedenen Stellen Passagiere über den Canal Grande setzen (z.B. bei S. Angelo, Ca' d'Oro oder an der Punta della Dogana; 2 €). Man erkennt sie an den grün-goldenen Schildern. Die Traghetti verkehren unregelmäßig, manche stellen den Betrieb am Sonntag ein.

Gondel

Sie sind das Sinnbild und Wahrzeichen der Stadt, und wer es sich finanziell erlauben kann, sollte auch eine Gondelfahrt unternehmen – lautlos durch die Kanäle gleiten, allenfalls begleitet vom Gesang des Gondoliere. Die Tarife sind in der Regel an den Gondelstationen angeschlagen. Eine 40-minütige Gondelfahrt kostet rund 80 € für eine Kleingruppe bis maximal 6 Pers. bzw. 20–30 € pro Pers., nachts wird es teurer (100 €) › **S. 124**.

Maßarbeit: Venedigs Gondolieri verstehen ihr Handwerk

Unterkunft

Das exklusive 5-Sterne-Hotel Excelsior am Lido di Venezia

Die rund 20 000 Betten in Venedig sind vor allem im Sommer, zu Silvester, Karneval, Ostern und Pfingsten rasch ausgebucht, frühzeitige Reservierung wird dringend empfohlen. In der Lagunenstadt zu übernachten hat seinen Preis – und ist mit der neuen Tourismussteuer noch teurer geworden › S. 36. In den mittleren und unteren Hotelkategorien können die Zimmerpreise bisweilen ausgehandelt werden.

Hotelverzeichnisse erhält man gratis in den Touristeninformationen › S. 139; es gibt auch Listen mit alternativen Unterkünften wie Jugendherbergen, Gästehäuser oder Campingplätze. Viele Besucher nutzen auch das Bed-&-Breakfast-Angebot, das jedoch nicht zwingend günstiger ist.

Über diverse Internetseiten kann uns sollte man sich vorab das passende Quartier suchen, z.B. bei www.in-venice.com, www.venere.com oder www.hrs.de. Günstigere Alternativen sind Apartments (inkl. Küchenzeile), zu finden z.B. unter www.venicerentapartments.com.

Wer VIEL GEPÄCK dabeihat, sollte darauf achten, dass das Hotel oder die Pension nicht zu abgelegen ist.

Luxuriöse Hotels

Cipriani ●●●

Ein Haus der Luxusklasse, das der Besitzer von Harry's Bar 1963 in einer umgebauten Bootswerft etablierte. Ruhige Lage mit schönem Blick auf den Lido und die Lagune, herrlicher Pool.

- Isola della Giudecca 10
- Tel. 0 41 24 08 01
- www.hotelcipriani.it

Danieli ●●●

In dem restaurierten Palazzo der Dogenfamilie Dandolo aus dem 14. Jh. findet man Kronleuchter aus Muranoglas und goldverzierte Deckengewölbe. Grandioser Blick auf San Giorgio Maggiore!

- Castello 4196
- Riva degli Schiavoni
- Tel. 04 15 22 64 80
- www.danielihotelvenice.com

Excelsior ●●●

In dieser Nobelherberge mit eigenem Strand logiert die Filmprominenz während der Filmfestspiele Ende August/Anfang September.

- Lido | Lungomare Marconi 41
- Tel. 04 15 26 02 01
- www.hotelexcelsiorvenezia.com

Spitzenhotels

Bauer Grünwald ●●●

Boutiquehotel in einem Palazzo des 18. Jhs.; moderner Anbau mit der höchsten Terrasse Venedigs. Angeschlossen ist das Gourmetrestaurant »De Pisis«.

- San Marco 1459
- Campo San Moisè
- Tel. 04 15 20 70 22
- www.bauervenezia.com

Cavalletto & Doge Orseolo ●●●

Traditionsreicher Palazzo am malerischen Gondelhafen Orseolo. Schon Richard Strauß und Winston Churchill nächtigten hier.

- San Marco 1107
- Tel. 04 15 20 09 55
- www.hotelcavallettovenice.com

La Fenice et des Artistes ●●●

Von Künstlern bevorzugte Adresse gleich neben dem Theater La Fenice, mit renommiertem Restaurant.

- San Marco 1936
- Tel. 04 15 23 23 33
- www.fenicehotels.it

Londra Palace ●●●

Hotelklassiker mit venezianischer Einrichtung und einem traumhaften Blick auf die Lagune.

- Riva degli Schiavoni 4171
- Tel. 04 15 20 05 33
- www.londrapalace.com

Mittelklassehotels

Agli Alboretti ●●–●●●

Nettes kleines Hotel mit gutem Restaurant, gleich hinter der Accademia.

- Dorsoduro 884 | Accademia
- Tel. 04 15 23 00 58

www.aglialboretti.com

American ●●

Hübsches, ruhiges Hotel ganz nahe beim Guggenheim-Museum. Einige Zimmer mit Blick auf den Kanal.

- Dorsoduro 628 | Campo San Vio
- Tel. 04 15 20 47 33
- www.hotelamerican.com

Design Hotel Ca' Pisani ●●●

Das erste Design-Hotel Venedigs, untergebracht in einem Palazzo aus dem 14. Jh., kombiniert Stil der 1930er/-40er jahre mit modernem Komfort. Tolle Lage, netter Service.

- Dorsoduro 979
- Tel. 04 12 40 14 11
- www.capisanihotel.it

Residenza Cannaregio ●●

Erst Kirche, dann Gondelmanufaktur, heute schickes Aparthotel mit Restaurant und Bar.

- Cannaregio 3210 A
- Tel. 04 15 24 43 32
- www.eurostarsresidenzacannaregio.com

Pensione La Calcina ●●

Bei Bohemiens aus aller Welt beliebte Herberge am Giudecca-Kanal mit Terrassenrestaurant auf dem Wasser.

- Zattere ai Gesuati 780
- Tel. 04 15 20 64 66
- www.lacalcina.com

Locanda La Corte ●●

Nettes Boutiquehotel in einem Palazzo aus dem 16. Jh. Das Frühstück wird im begrünten Innenhof serviert, ebenso wie der abendliche Absacker.

- Castello 6317 | Calle Bressana
- Tel. 04 12 41 13 00
- www.locandalacorte.it

La Residenza ●●
Stilvolle, geräumige Zimmer in einem liebevoll restaurierten Palazzo.
- Castello 3608
- Campo Bandiera e Moro
- Tel. 04 15 28 53 15
- www.venicelaresidenza.com

Einfache Hotels und Pensionen

Antica Locanda Montin ●
Beliebtes Hotel mit gleichnamigem Restaurant, in dem früher die Künstlerszene Venedigs verkehrte.
- Dorsoduro 1147
- Tel. 04 15 22 71 51
- www.locandamontin.com

Locanda del Ghetto ●
Neben dem Museo Ebraico gelegene, familiär geführte Pension mit nur 6 Zimmern, alle mit eigenem Bad.
- Cannaregio 2892–2893
- Tel. 04 12 75 92 92
- www.locandadelghetto.net

Casa di Sara ●
Ruhig in einem Hinterhaus gelegenes B&B. Drei Zimmer mit eigenem Bad (eines auf dem Flur); kleine Gemeinschaftsküche. Familiäre Atmosphäre.
- Dorsoduro 1330
- Fondamenta delle Eremite
- Tel. 04 18 28 49 30
- www.casadisara.com

Casa Genoveffa ●
Absolut ruhig gelegenes, einfaches, aber geräumiges B&B. Für alle, die gerne individuell unterkommen. Keine Außensitzplätze.
- Giudecca
- Calle del Forno 472
- www.casagenoveffa.com

Stille Oasen

Erst-klassig

- **Pension Accademia Villa Maravege ●●●**
  Zauberhaftes Hotel in einem Palazzo aus dem 17. Jh. nahe Accademia. Der Garten ist eine Oase der Ruhe, die Zimmer sind elegant.
  Dorsoduro 1058
  Tel. 04 15 21 01 88
  www.pensioneaccademia.it
- **Abbazia ●●**
  In dem sorgsam restaurierten ehemaligen Kloster nahe am Bahnhof Santa Lucia nächtigt man heute in 50 nostalgischen Zimmern, z.T. mit Blick auf den wunderschönen Klostergarten, der den Hotelgästen offensteht.
  Cannaregio 68
  Calle Priuli dei Cavaletti
  Tel. 0 41 71 73 33
  www.abbaziahotel.com
- **Belle Arti ●●**
  Hinter der Accademia, mit 67 Zimmern, davon viele Nichtraucher-Zi. Im Sommer lockt ein hübscher Garten mit Springbrunnen im Innenhof.
  Dorsoduro 912 A
  Rio Terà Foscarini
  Tel. 04 15 22 62 30
  für Buchungen: 0 41 74 09 18
  www.hotelbelleartivenice.com
- **Flora ●●**
  42 individuelle Zimmer im venezianischen Stil, in einem ehemaligen Palazzo nahe San Marco. Wohltuenden Schatten findet man im begrünten Innenhof, in dem man frühstückt. Kinder ausdrücklich willkommen.
  San Marco 2283/A
  Tel. 04 15 20 58 44
  www.hotelflora.it

Essen & Trinken

Venezianische Küche kann ganz hervorragend sein – sie in Venedig zu finden, noch dazu zu erschwinglichen Preisen, ist jedoch ein Kunststück. Ein Menü umfasst üblicherweise drei Gänge: Vorspeise (warm oder kalt), Hauptgericht mit Beilagen (Gemüse oder Salat), die extra bestellt und berechnet werden, Nachtisch (Käse, Obst, Kuchen). Zur Abrundung nimmt man einen Espresso *(caffè),* gegebenenfalls mit Cognac oder Grappa. *Coperto* (Gedeck) wird stets separat berechnet und enthält das Brot. Bestellt man à la carte, gibt es preislich nach oben hin keine Grenzen. Nur Nudeln zu bestellen, gilt vielerorts als unhöflich!

Einfach, aber gut speist man in einer Trattoria, die man meist abseits der touristischen Hauptrouten findet. Preisgünstig und qualitativ zufriedenstellend kommt man in der Rosticceria, dem Selbstbedienungsrestaurant, weg; die Speisekarten sind venezianisch eingefärbt, und wer Glück hat, isst in Ruhe im Sitzen. Die Pizza, zu der die Italiener Bier trinken, ist auch in Venedig überall zu haben.

Venezianische Küche

Die venezianische Küche ist traditionell eine Fischküche; von *anguilla* (Aal) bis *zuppa di pesce* (Fischsuppe) reicht das Kaleidoskop der Spezialitäten. Einmal sollte man sich eine *grigliata mista* leisten, gemischte Fischplatte vom Grill. Kenner machen Umwege für *risotto di pesce* (Fischrisotto) oder *granseola* (Meeresspinne), die in ihrem bizarren Panzer in Öl und Zitrone serviert wird.

Beliebt bei Einheimischen sind *pasta nera* (schwarze Nudeln) und *risotto nero* (schwarzer Reis), für deren Farbe der Tintenfisch sorgt. Ein typischer Menüvorschlag in Venedig wären auch *sarde in saor* (Sardinen in Essig und Öl) und *seppie alla veneziana* (Tintenfisch mit Polenta).

Zu den wenigen lokalen Fleischspezialitäten gehört *fegato alla veneziana,* Kalbslebergeschnetzeltes mit Zwiebeln und Petersilie in Olivenöl.

Weine aus dem Veneto

Offene Tischweine *(vino sfuso)* sind Tocai und Soave (weiß) sowie Merlot und Cabernet (rot). Wer Veneto-Weine kennenlernen möchte, sollte sich in einer Enoteca (Verkauf mit Ausschank) nach Pinot grigio, Pinot bianco, Sauvignon (weiß) oder den Roten Raboso, Refosco und Marzemino umsehen.

Nach Feierabend gehen die Venezianer gern auf einen *spritz* in die Bar – ein sprachliches Relikt der österreichischen Besatzung. Bei diesem Getränk werden Weißwein und Mineralwasser mit Campari oder Aperol gemischt. Soll's genussvoller sein, bestellt man Prosecco oder Cartizze.

Urig und beliebt: die Pizzeria Casin dei Nobili in Dorsoduro

Seit 2005 besteht in allen italienischen Bars und Osterien RAUCHVERBOT. Nur in Restaurants, die extra ausgewiesene Raucherräume haben, darf dem Tabakgenuss gefrönt werden. Ansonsten trifft man sich vor der Tür.

Empfehlenswerte Restaurants

Antico Martini ●●●

Traditionsreiches Restaurant sowie Piano- und Weinbar mit vorzüglicher Küche, Interieur mit Antiquitäten und Ölgemälden.

- San Marco 1983
- Campo Teatro Fenice
- Tel. 04 15 22 41 21

Terrazza Danieli ●●●

Terrassenrestaurant des gleichnamigen Hotels mit traumhaftem Blick über die Lagune und hohem Niveau.

- Castello 4196
- Riva degli Schiavoni
- Tel. 04 15 22 64 80

Corte Sconta ●●●

Insider-Fischrestaurant, auch mit reicher Vor- und Nachspeisenauswahl; schlicht-uriges Ambiente.

- Castello 3886 | Calle del Prestin
- Tel. 04 15 22 70 24
- So, Mo geschl.

Bentigodi ●●●

Im Winter sollte man die köstlichen Artischocken aus Sant'Erasmo probieren. Ganzjährig sind Fisch und die Kalbsleber *alla veneziana* ein Gedicht.

- Cannaregio 1423
- Ponte delle Guglie
- Tel. 04 18 22 37 41

Al Ponte ●●

Authentisches, typisch venezianisches Lokal, das eine köstliche Auswahl an *cicchetti,* aber auch fangfrischen Fisch und diverse Fleischgerichte bietet. Urig!

- Cannaregio 6378
- Ponte del Cavallo
- Tel. 04 15 28 61 57

Da Rioba ●●

Bei Einheimischen beliebtes Lokal mit Plätzen im Freien am Kanal und leichter, innovativer Küche, z.B. süß-saure Scampi mit Ingwer.

- Cannaregio 2553
- Fondamenta della Misericordia
- Tel. 04 15 24 43 79
- Mo geschl.

Erst-klassig

Authentisch – wo die Venezianer einkehren

- **Alla Vedova ●●**
  Das Angebot an *cicchetti* ist bei der »Witwe« besonders üppig: Am Tresen speist man zu einem Glas Weißwein oder Prosecco Artischocken im Teigmantel, eingelegte Auberginen, *sarde in saor,* Meerschnecken, frittiertes Gemüse, Fleisch- oder Fischfrikadellen, Muscheln oder Krustentiere.
  Cannaregio 3912
  Calle del Pistor
  Tel. 04 15 28 53 24
  Do und So mittags geschl.
- **Alle Testiere ●●**
  Unbedingt reservieren! Denn die wenigen Tische in der ausgezeichneten Osteria, in der hervorragende Fischgerichte serviert werden, sind am Abend rasch besetzt.
  Castello 5801
  Calle del Mondo Nuovo
  Tel. 04 15 22 72 20
  So und Mo geschl.
- **Ai Rusteghi ●●**
  In einem charmanten kleinen Innenhof nahe Rialto, aber fernab des Trubels, werden tolle *cicchetti* serviert.
  San Marco 5513
  Campiello del Tentor
  Tel. 04 15 23 22 05
- **Dalla Marisa ●–●●**
  In dem schlicht eingerichteten Landhaus werden hervorragende Fisch- und Wildgerichte serviert. Viele Arbeiter der nahen Gondelwerft kehren hier ein.
  Cannaregio 652 B
  Fondamenta San Giobbe
  Tel. 0 41 72 02 11

Casin dei Nobili ●●

Urgemütliche Pizzeria, auch mit Tischen unter freiem Himmel, in der natürlich nicht nur Pizzen serviert werden. Meist bis auf den letzten Platz besetzt, daher abends möglichst reservieren.

- Dorsoduro 2756 | San Barnaba
- Tel. 04 15 20 68 95
- Mo geschl.

Do Mori ●●

Ältestes Bàcaro der Stadt mit hervorragenden Weinen, dazu werden Fischfrikadellen, Ochsenzunge und andere *cicchetti* serviert.

- San Polo 429
- Calle dei Do Mori
- Tel. 04 15 22 54 01
- So geschl.

La Zucca ●●

Kleines Restaurant am Kanal, vegetarische Küche mit tollen Kürbisgerichten im Herbst.

- Santa Croce 1762
- Ponte del Megio
- Tel. 04 15 24 15 70
- So geschl.

Ae Oche ●

Riesige Auswahl an Pizzen zu vernünftigen Preisen. Im Sommer ein herrliches Plätzchen am Giudecca-Kanal, wo ein laues Lüftchen weht. Im Winter gibt es zahlreiche Sitzplätze innen. Immer rappelvoll, studentische Atmosphäre. Gutes Preis-Leistungs-Verhältnis. Weiter Filialen in Santa Croce 1552 › S. 89 und Cannareggio 158/A.

- Dorsoduro 1414
- Zattere
- Tel. 04 15 20 66 01
- Tgl. bis 23 Uhr

Shopping

Die typischen Mitbringsel sind Masken, Spitze, Lampen, marmoriertes Papier und Muranoglas in allen Variationen. Im Markusviertel liegen die Haupteinkaufsstraßen wie die Mercerie, die Frezzeria, die Salizzada San Moisè oder die Calle Larga XXII. Marzo. Die großen Modeschöpfer haben hier ihre Filialen: Prada, Versace, Laura Biagiotti, Valentino und Bulgari. Wesentlich entspannter einkaufen lässt es sich jedoch in den kleinen, aber ganz hervorragenden Geschäften in Dorsoduro. Erst-! klassig

VORSICHT beim Kauf von gefälschten Markenartikeln – die Polizei greift bei Markenpiraterie inzwischen hart durch. Auch als Käufer macht man sich strafbar.

In San Marco

Alberto Valese

Die Herstellung von marmoriertem Papier zählte in der Blütezeit des Handels zu den Spezialitäten der Republik; es war fälschungssicher und somit ideal für diplomatische Korrespondenzen. 1970 wurde die Produktion von Alberto Valese aus dem Dornröschenschlaf erweckt. Wenn der Maestro Zeit hat, kann man ihm bei seiner Arbeit über die Schulter schauen. Er kreiert auch auf persönlichen Wunsch.

- San Marco 3471
- Campo Santo Stefano
- Tel. 04 15 23 88 30

Exportschlager Muranoglas – Kunst und Kitsch liegen dicht beieinander

Weit über Venedig hinaus bekannt: die Schuhdesignerin Giovanna Zanella

Venetia Studium

Eine Gruppe junger Designer stellt Seidenlampen oder -plisseekleider her – der Erfindung des großen spanischen Malers und Bildhauers Mariano Fortuny nachempfunden. Die hauchzarten Plisseestoffe schmiegen sich wie eine zweite Haut an den Körper an.

- San Marco 2403
- Calle Larga XXII. Marzo
- Tel. 04 15 22 92 81

Venini

Berühmte Architekten und Designer haben mit Venini kooperiert. Sie finden moderne Kunstwerke aus Glas aus dem Ideenfonds berühmter Designer.

- San Marco 314
- Piazzetta dei Leoncini
- Tel. 04 15 22 40 45
- www.venini.com

Galleria Marina Barovier

Man wähnt sich in einem Museum für moderne Kunst: Das, was Marina und ihr Mann Marino, der aus einer alten Glaskünstlerfamilie stammt, hier an modernen Glaskunstwerken geschaffen haben, ist überwältigend. Internationale Glaskünstler stellen in den neuen Galerieräumen ihre Werke aus. Absolut sehenswert!

- San Marco 3216
- Salizida San Samuele
- Tel. 04 15 23 67 48
- www.barovier.it
- So/Mo geschl.

Libreria Goldoni

Wer ein Kunstbuch oder einen Bildband über Venedig sucht, sollte hier auf jeden Fall reinschauen. Die neben dem Goldoni-Theater gelegene Buchhandlung verfügt über ein gutes Sortiment an Venedig-Titeln, Reiseführern etc. Auch englischsprachige Bücher sind im Angebot.

- San Marco 4742 | Calle dei Fabbri
- Tel. 04 15 22 23 84
- www.libreriagoldoni.com
- So geschl.

In Castello

Qshop

Der Museumsladen der Fondazione Querini Stampalia bietet tolle Mitbringsel: Schmuck, Glasobjekte, Bücher u.v.m.

- Castello 5252
- Santa Maria Formosa
- Tel. 04 15 23 44 11

Giovanna Zanella

Sie ist ohne Zweifel die berühmteste Schuhdesignerin Venedigs. In Giovanna Zanellas Werkstatt entstehen schrille, freche, auf jeden Fall außergewöhnliche Schuhe, ganz nach Wunsch und Vorliebe ihrer Klientel. Dass man schon mal 400 € für ein Paar hinblättern muss, stört die solvente Kundschaft, nicht.

- Castello 5641 | Campo San Lio
- Tel. 04 15 23 55 00
- www.giovannazanella.it
- So geschl.

In Cannaregio

Nicolao Atelier

Preisgekrönte Kostüme, die an Theater- und Opernhäusern und im Kino für Furore sorgten, stammen aus dieser alteingesessenen Schneiderwerkstatt. Hier kann man sich stilvoll-exklusiv z.B. für den Karneval ausstatten.

- Cannaregio 2590
- Fondamenta della Misericordia
- Tel. 04 15 20 70 51
- www.nicolao.com
- Sa geschl.

Bianco Nero

Die Adresse für Kunstfotografie: Vittorio Pavan verkauft außergewöhnliche Schwarz-Weiß-Foto, darunter Venedigmotive abseits gängiger Klischees.

Cannaregio 4541

Salizada del Pistor

Tel. 04 13 09 37 61

- www.bianconero-venezia.it
- So geschl.

In San Polo

Atelier Pietro Longhi

Die berühmten Karnevalsmasken in den unterschiedlichsten Ausführungen, bunt und schrill oder klassisch und dezent gibt es hier, dazu Perücken, venezianische Schuhe, Waffen und historische Kostüme.

- San Polo 2580
- Tel. 0 41 71 44 78
- www.pietrolonghi.com

Legatoria Polliero

In Leder gebundene schwere Bücher, kleine, moderne Notizbücher, Hefte, Bilderrahmen und allerlei Büroaccessoires: In diesem alteingesessenen Buchbinderladen findet man garantiert ein schönes Mitbringsel, und das zu recht zivilen Preisen.

- San Polo 2995
- Calle dei Frari
- Tel. 04 15 28 51 30
- So geschl.

Gilberto Penzo

Modelle von venezianischen Gondeln und Schiffen der Serenissima, mit Hingabe und Liebe zum Detail hergestellt, stehen hier zum Verkauf – auch zum Selberbauen vorgefertigt. Gilberto Penzo ist Künstler und Bootshistoriker – *der* Spezialist für Venedigs Gondeln.

- San Polo 2681
- Calle Seconda dei Saoneri
- Tel. 0 41 71 93 72
- www.veniceboats.com

In Santa Croce

Cartavenezia

Diverse Techniken, unterschiedlichste Motive, und am Ende entstehen interessante Papierobjekte. Sehr sehenswert.

- Santa Croce 2125
- Calle Longa
- Tel. 04 15 24 12 83
- So und Mo geschl.

Erst-klassig

Ganz besondere Mitbringsel

- **Bressanello Artstudio**
  Fotografien als echte Kunstwerke: Fassadendetails, die sich in einer Pfütze spiegeln, stille Räume, mystisch-dunstige Lagune…
  Fabio Bressanello arbeitet auch mit internationalen Architekten und Designern zusammen.
  Dorsoduro 2835 A
  Ponte dei Pugni
  Tel. 04 17 24 10 80
  www.bressanelloartstudio.com
  So geschl.
- **Mondonovo**
  Guerrino Giano Lovato kreiert in seiner Werkstatt fantastische Masken. Man kann dem Künstler bei der Arbeit zuschauen.
  Dorsoduro 3063
  Rio Terà Canal
  Tel. 04 15 28 73 44
  So geschl.
- **L'Isola**
  Die modernen Kunstobjekte, Gläser und Vasen aus der Werkstatt Carlo Moretti zählen zu den schönsten in ganz Venedig.
  San Marco 2970
  Calle delle Botteghe
  Tel. 04 15 23 19 73
  www.lisola.com
- **Polliero**
  Buchbinder, der eine Fülle von Notiz-, Adress- und anderen Büchern aus wunderschönem marmoriertem Papier anbietet.
  San Polo 2995
  Calle dei Frari
  Tel. 04 15 28 51 30
  So geschl.

Venice Research

Stefano Pio restauriert und verkauft historische Musikinstrumente.

- Santa Croce 2165
- Calle della Chiesa
- Tel. 0 33 95 60 96 37
- www.veniceresearch.com
- Besuch nach Vereinbarung

In Dorsoduro

Annelie

Maßgeschneiderte Leinenblusen, Tischwäsche, Vorhänge, Mädchenkleider – wer in Venedig etwas auf sich hält, kauft bei Annelie Pizzi ein. Die Chefin spricht Deutsch.

- Dorsoduro 2748
- Calle Lunga San Barnaba
- Tel. 04 15 20 32 77
- Sa Nachmittag, So geschl.

Gallerie Loris Marazzi

Was auf den ersten Blick aussieht wie ein Hut, eine Ledertasche, ein Slip oder ein BH entpuppt sich bei genauerem Hinsehen als Kunstwerk aus Holz. Wirklich originell und witzig. Am Peggy Guggenheim Museum.

- Dorsoduro 369
- Tel. 04 15 23 90 01
- www.lorismarazzi.com
- tgl. 10–13, 15–19.30 Uhr

Madera

Für alle, die schwedisch inspirierteses Design mögen: Francesca Meratti fertigt wunderschöne Keramiken und Holzacessoirs

- Dorsoduro 2762
- Campo S. Barnaba
- Tel. 04 15 22 41 81
- www.maderavenezia.it
- So geschl.

Am Abend

Um nach 22 Uhr in der Lagunenstadt noch Nachtleben aufzuspüren, braucht man fast schon detektivische Fähigkeiten. Bars, Musikclubs, Diskotheken und Szenelokale gibt es nur wenige. Nachtschwärmer kommen am ehesten rund um den Campo Santa Margherita und im Cannaregio-Viertel auf ihre Kosten. Wer tanzen will, fährt am besten nach Mestre. An kulturellen Veranstaltungen wie Theateraufführungen und Konzerten mangelt es indes nicht.

Das Abendprogramm der Kinos, Theater und Konzertsäle finden Sie in der Tageszeitung IL GAZZETTINO. Über aktuelle Veranstaltungen informiert auch online AGENDA VENEZIA (www.agendavenezia.org) und die bei den Touristeninformationen erhältliche Broschüre UN OSPITE DI VENEZIA – A GUEST IN VENICE (www.unospitedivenezia.it).

Theater

Teatro Malibran

Eines der ältesten (1678), ehemals schönsten und größten und neben dem La Fenice › **S. 33, 74** auch das bedeutendste Theater Venedigs, an dem Carlo Goldoni zeitweise arbeitete. Nach dem Brand im La Fenice 1996 diente das Teatro Malibran als Ausweichquartier. Nähe Rialto.

- Campiello Malibran 5873
- Tel. 0 41 24 24 (Call Center)
- www.teatrolafenice.it

Teatro Goldoni

Das Schauspielhaus wurde bereits im 17. Jh. gegründet und zählt somit zu den ältesten Bühnen der Stadt. Es trägt den Namen des Komödiendichters Carlo Goldoni (1707–1793), dessen Werke neben anderen venezianischen Klassikern regelmäßig auf dem Spielplan stehen.

- San Marco 4650b
- Calle Goldoni
- Tel. 04 12 40 20 11 od. 04 12 40 20 14
- www.teatrostabileveneto.it

Wer sich für moderne Inszenierungen oder Commedia dell'Arte interessiert, sollte einen Blick in das Programm des **Teatro Fondamenta Nuove** in Cannaregio (5013, www.teatrofondamentanuove.it) oder des **Teatro Junghans** auf der Giudecca (494, www.teatrojunghans.it) werfen. Wer auf der Suche nach etwas experimentellerem Theater ist, sollte im **Teatro a l'Avogaria** in Dorsoduro (1617, www.teatroavogaria.it) eine Vorstellung besuchen).

Klassische Konzerte

Über das ganze Jahr hinweg findet man in Venedig ein breit gefächertes Angebot an Konzerten, wobei der musikalische Akzent auf Werken des 18. Jhs. liegt, der großen Zeit der venezianischen Komponisten Antonio Vivaldi und Baldassare Galuppi. Auf der Straße werden viele der Konzerte beworben, die dann am Abend – atmosphärisch schön – in Kirchen und Palazzi stattfinden.

Im opulenten Gran Teatro La Fenice

Musica in Maschera

Sänger und Musiker der besten italienischen Orchester bieten in historischen Kostümen Opern und Ballett des 18. Jhs. dar.

- Scuola Grande dei Carmini
- Dorsoduro
- Tel. 04 15 28 76 67
- www.musicainmaschera.it

I Musici Veneziani

Das Orchester, in dem einige der besten Musiker Venedigs mitwirken, gibt beeindruckende Konzerte in der Scuola Grande di San Teodoro, natürlich in historischen Kostümen.

- Scuola Grande di S. Teodoro | Rialto
- Tel. 04 15 21 02 94
- www.imusiciveneziani.com

Virtuosi di Venezia

Stimmungsvolle Vivaldi-Konzerte, bei denen man sich zurückversetzt fühlt in die Zeit des großen venezianischen Komponisten › **S. 107**.

- San Marco | Ateneo di San Basso
- Tel. 04 15 28 28 25
- www.virtuosidivenezia.com

Nachtclub

Piccolo Mondo

Der ehemalige traditionsreiche Club El Souk in Nähe der Accademia, eröffnet 1963, ist eine winzige Diskothek und Pianobar mit schickem Publikum.

- Dorsoduro 1056 a
- Tel. 04 15 20 03 71
- www.piccolomondo.biz
- Eintritt, tgl. 23–4 Uhr

Livemusik

Paradiso Perduto

In der etwas versteckt gelegenen, ausgesprochen beliebten Studentenkneipe › **S. 101** gibt es Livemusik und hausgemachte Pasta. Do–Di 19–2 Uhr, So auch mittags.

- Cannaregio 2640
- Fondamenta della Misericordia
- Tel. 0 41 72 05 81

Ruga Rialto

Jazz- und Blueskonzerte sowie Lesungen in einer Osteria.

- San Polo 692 | Ruga Rialto
- Tel. 04 15 21 12 43
- Di–So 10–15 und 18–24 Uhr

Nuovo T.A.G. Club

Clubatmosphäre, gute Livemusik und international bekannte DJs. Direkt am Bahnhof,.

- Mestre
- Via Giustizia 19
- Tel. 0 41 92 19 70
- tgl. 22–5 Uhr

Martini Scala Club

Noblesse oblige in der Pianobar.

- San Marco
- Campo San Fantin 1980
- Tel. 04 15 22 41 21
- Tgl. außer Di 22–3.30 Uhr

Junge Szene

Da Codroma

Livemusik, Ausstellungen und Billard in rustikaler Osteria, bei Studenten beliebt.

- Dorsoduro 2540
- Fondamenta Briati
- Tel. 04 15 24 67 89
- Di–Sa 19–1 Uhr

Cantina Vecia Carbonera

Beliebter Szenetreff mit sehr schwarz gekleidetem Publikum. Di–So 17–1 Uhr, am Wochenende bis 2 Uhr. Do und So Jazz-Livekonzerte.

- Cannaregio 2329
- Rio Terà Maddalena
- Tel. 04 15 24 23 88

Bacaro Jazz

Gut besuchte, gemütliche Jazz- und Cocktailbar mit Restaurant; im Herzen der Stadt, nahe der Rialtobrücke.

- San Marco 5549
- Tel. 04 15 28 52 49
- www.bacarojazz.com
- Tgl. geöffnet, warme Küche 13–2 Uhr, Happy Hour 16–19 Uhr

Kulturelle Höhepunkte am Abend

Erst-! klassig

- **Gran Teatro La Fenice**
  Ein Abend im La Fenice zählt zu den Höhepunkten eines Venedig-Besuchs. Es ist eines der bedeutendsten Opernhäuser der Welt, in dem alle großen Soprane und Tenöre gesungen haben. › S. 74
  San Marco 1965
  Campo S. Fantin
  Tel. 0 41 78 65 11
  Kartenverkauf an der Biglietteria, Tel. 04 12 41 80 33, oder im Internet unter www.teatrolafenice.it
- **Interpreti Veneziani**
  Werke alter Meister wie Vivaldi, gespielt von einem international bekannten Orchester, und zwar in der Kirche San Vidal – ein Erlebnis.
  Chiesa San Vidal | San Marco 2862 B
  Tel. 04 12 77 05 61
  www.interpretiveneziani.com
- **Ai Musicanti**
  Stimmungsvolles Konzertcafé; zu Arien und Duetten von Verdi, Puccini, Rossini, Mozart u.v.a. genießt man eine Flasche venetischen Prosecco oder ein anderes Getränk nach Wahl.
  San Polo
  Palazzo Zeno
  Campiello de Ca' Zen 2580
  Tel. 04 12 75 92 64
  www.ai-musicanti.com
  Tgl. 19.30 und 21.30 Uhr
- **Vivaldi-Konzerte** in Santa Maria della Pietà › S. 106. Zum flackernden Schein der Kerzen werden hier regelmäßig stimmungsvolle Konzerte gegeben (Terminauskünfte und Tickets bei der Touristeninformation).

LAND & LEUTE

Markusplatz:
die Attraktion für Touristen
aus aller Welt

STECKBRIEF

- **Fläche** (ohne San Giorgio und Giudecca): 7,06 km²
- **Höhe:** 1 m über dem Meeresspiegel
- **Inseln:** 118
- **Brücken:** 411
- **Kanäle:** 160
- **Plätze:** 127
- **Einwohner** (ohne Mestre): knapp 59 000 (2013)
- **Kirchen:** 115
- **Landes- / Ortsvorwahl:** 00 39 / 0 41 (Bestandteil der Tel.-Nr.)
- **Währung:** Euro
- **Zeitzone:** MEZ

Lage

Venedig liegt an der nördlichen Adria, 4 km vom Festland und 2 km vom Meer entfernt, auf 12° 2' östlicher Länge und 41° 25' nördlicher Breite. Mit dem Festland verbunden ist sie durch den rund 4 km langen Ponte della Libertà, über den man mit Auto, Bus oder Bahn die Lagunenstadt erreicht.

Politik und Verwaltung

Alle fünf Jahre wird in Venedig ein Bürgermeister gewählt, maximal zwei Amtszeiten sind möglich. Aus den Regionalwahlen 2010 ging zwar das Mitte-Rechts-Bündnis von Ex-Ministerpräsident Silvio Berlusconi auch in Venetien gestärkt hervor. Bei den Bürgermeisterwahlen in Venedig sicherte sich jedoch Giorgio Orsoni, Kandidat des Mitte-Links-Bündnisses, exakt 51,44 % der Stimmen. Er regiert gemeinsam mit seinem Vize und dem 46 Mitglieder umfassenden Stadtrat.

Venedig ist Hauptstadt der Region Veneto und der Provinz Venezia. Zum Verwaltungsgebiet zählt neben der Stadt auch die Lagune mit den Inseln sowie Porto Marghera und Mestre.

Wirtschaft

Venedig lebt nahezu vollständig vom Tourismus, was zwar z.B. das traditionelle Kunsthandwerk fördert, jedoch nicht ohne negative Folgen bleibt. Deshalb wird seit August 2011 eine »Tourismussteuer« erhoben, die u.a. zum Erhalt historischer Bauten eingesetzt werden soll. Die Abgabe für die ersten fünf Übernachtungen beträgt maximal 5 € pro Nacht, gestaffelt nach Unterkunft und Saison.

Im krassen Gegensatz zur historischen Altstadt Venedigs, die sich aufgrund ihrer Gegebenheiten nahezu jeder Modernisierung versperrt, leben die Städte am Festland, allen voran Mestre und Porto Marghera, in erster Linie von der Industrie. Haupterwerbszweige sind hier Raffinerien, die petrochemische Industrie, Maschinenbau und Textilindustrie, die nicht nur durch ihre schmutzigen Abwässer erhebliche ökologische Probleme in der Lagune verursachen, sondern auch vor großen wirtschaftlichen und strukturellen Problemen stehen. Zahlreiche Arbeitsplätze sind hier in den vergangenen Jahren verloren gegangen. Jetzt setzt man verstärkt auf den Ausbau des internationalen Hafens, der im Westen Venedigs neue Einkommensmöglichkeiten schaffen soll. Kritiker indes warnen vor den unabsehbaren ökologischen Folgen. Zudem ist die Realisierung dieses – wie auch weiterer Projekte in Venedig – aufgrund der Schuldenkrise in Italien und damit des massiven Sparkurses fraglich.

Die Menschen

58 800 Einwohner (Stand 2013) leben noch im *centro storico*, Tendenz sinkend. Kein Wunder, denn in den Wohnungen fehlt es sehr oft an gefliesten Bädern und Heizungen. Doch Sanierungen kosten in der Wasserstadt wegen der Feuchtigkeit in den Häusern mehr als anderswo – kein Anreiz für Hausherren, zeitgemäßen Wohnraum zu schaffen. Hinzu kommt, dass die Immobilienpreise in Venedig die höchsten Italiens sind – noch vor Rom und Mailand. Die Venezianer ziehen deshalb weg und kommen als Pendler zurück; darunter leidet die Infrastruktur. Kleine Läden müssen schließen, an ihrer Stelle werden Souvenirshops eröffnet.

Die Venezianer mussten sich immer arrangieren; dabei entstand ein wacher, selbstbewusster und kauziger Menschenschlag. Unmut wird nicht versteckt, aber mit einer *ombra*, einem Gläschen Wein, schnell wieder hinuntergespült. Fremden gegenüber ist man aufgeschlossen und hilfsbereit.

Sprache

Wäre Dante nicht Florentiner, sondern Venezianer gewesen, dann wäre im 13./14. Jh. nicht der toskanische, sondern der venezianische Dialekt zum »Hochitalienisch« avanciert. Eigentlich handelt es sich um mehr als einen Dialekt – Venezianisch ist eine Schriftsprache von literarischer Eigenständigkeit. Venedigs berühmtester literarischer Sohn, der Dichter Carlo Goldoni, würdigte im 18. Jh. seine Heimatstadt in zahllosen Theaterstücken.

Der Besucher ist auf Schritt und Tritt mit den venezianischen Aufschriften konfrontiert, die vom üblichen Italienisch stark abweichen. Es gibt keine Doppellaute, dafür viele Eigenbildungen; die Schreibung *gheto novo* statt wie zu erwarten *ghetto nuovo* ist venezianisch einwandfrei, so wie *anzolo* für *angelo* steht und *San Zanipolo* die Kirche Santi Giovanni e Paolo bezeichnet. Sogar die Lagunenstadt selbst heißt auf Venezianisch anders: *Venexia*.

Geschichte im Überblick

ca. 1200 v. Chr. Legendäre Einwanderung der Veneter aus Kleinasien nach der Eroberung Trojas durch die Griechen.

181 v. Chr. Mit der Gründung Aquileias im Zuge der römischen Expansion wird auch der Lagunenbereich eingegliedert.

421 n. Chr. Legendäres Gründungsdatum Venedigs, das immer noch jedes Jahr am 25. März gefeiert wird. Ins 5. Jh. fällt auch der Rückzug der Küstenbevölkerung auf die Laguneninseln, die vor den Einfällen der Barbaren aus dem Norden Zuflucht sucht.

539 Das oströmische Kaisertum in Konstantinopel will Italien zurückerobern und bringt zunächst Venedig unter seine Kontrolle.

697 Wahl des ersten Dogen.

812 Im Frieden von Aachen wird dem jungen Staat die Unabhängigkeit von der fränkischen Expansion und die Obhut des fernen Konstantinopel bestätigt.

828 Die legendären Markusreliquien werden in Ägypten geraubt; zwei Jahre später Baubeginn der ersten Markuskirche.

um 1000 Die Kontrolle Istriens und Dalmatiens sichert die Seewege der erfolgreichen Handelsmacht.

1082–1085 Sieg über die Normannen, die den Adriaausgang vor den Küsten des heutigen Albanien bedrohen.

1094 Weihe von San Marco.

1177 Venedig vermittelt im Streit zwischen dem Kaiser und dem Papst; Barbarossa und Alexander III. treffen sich in San Marco – Venedig ist als Weltmacht anerkannt.

1202–1204 Der Vierte Kreuzzug endet mit der Eroberung Konstantinopels unter Führung des Dogen Enrico Dandolo. Venedig setzt seine machtpolitischen Interessen im Kampf gegen den Sultan von Ägypten durch und erreicht den Höhepunkt seiner Kolonialmacht: Der Stadtstaat herrscht über drei Achtel des Byzantinischen Reichs, die Kykladen und Kreta. Damit ist der Seeweg bis ans Schwarze Meer gesichert.

1257–1381 Kampf mit Genua um die Vorherrschaft auf den Seewegen; im Frieden von Turin wird Venedigs Macht bestätigt.

15. Jh. Venedig expandiert auf dem Festland; Sicherung der Handelswege über die Alpen und nach Mittelitalien.

1453 Die Osmanen erobern Konstantinopel; Venedig ist vom Fernhandel abgeschnitten.

1454 Frieden von Lodi: Venedig hält sich auf dem Festland den Rücken frei; sein Territorium begrenzen Po, Gardasee, Alpen und Istrien.

1498 Vasco da Gama entdeckt um das Kap der Guten Hoffnung den Seeweg nach Indien; Venedig verliert seine Vormachtstellung.

1508 »Liga von Cambrai«: Frankreich, Spanien, Kaiser, Papst und italienische Staaten bilden eine tödliche Allianz gegen Venedig; das Augsburger Bankhaus Fugger will den Handelsplatz Venedig aber nicht verlieren und finanziert den Krieg nicht weiter. Trotzdem muss Venedig in den darauf folgenden Kriegen beachtliche Gebietsverluste einstecken.

1570 Zypern fällt an die Türken. Obwohl die Seeschlacht bei Lepanto (1571) von den mit dem Papst und den Spaniern verbündeten Venezianern gewonnen wird, dringen die Türken vor.

1576 Pestepidemie, der u.a. Tizian zum Opfer fällt.

17. Jh. Das Haus Habsburg sowie die Türken bleiben Venedigs politische Bedrohung.

1645 Die Türken besetzen Kreta; jahrzehntelange Kämpfe.

1699 Friede von Karlowitz: Venedig erhält die Peloponnes.

1718 Friede von Passarowitz: Venedig muss auf Beschluss Österreichs und der Türkei allen Kolonialbesitz, außer Istrien, Dalmatien und Teile Albaniens, abtreten. Damit ist Venedig keine Macht mehr, nur noch ein Staat.

1796/97 Napoleon besetzt venezianisches Territorium und übergibt 1797 Venedig kampflos an den Erzfeind Habsburg. Das in Europa einzigartige Staatsgebilde der Republik Venedig erlischt nach 1100 Jahren.

1805 Venedig gehört zum napoleonischen Königreich Italien.

1815 Der Wiener Kongress gibt Venedig an Österreich zurück.

1848–1849 Für 17 Monate schüttelt Venedig die österreichische Besatzung ab. 1849 zwingt eine Choleraepidemie die Venezianer zur Kapitulation.

Der geflügelte Markuslöwe: Machtsymbol und ein Wahrzeichen Venedigs

1866 Friede von Wien: Österreich gewährt einen Volksentscheid, der zum Anschluss Venedigs an das neue Königreich Italien führt.

1915–1918 Kriegserklärung Italiens an Österreich; heftige Gefechte am venezianischen Festland im Ersten Weltkrieg.

1933 Eine Straßenbrücke verbindet Stadt und Festland.

1945 Alliierte Truppen besetzen Venedig.

1946 Gründung der Republik Italien nach einem Referendum.

1958 Angelo Giuseppe Roncalli, Patriarch von Venedig, wird Papst Johannes XXIII. (bis 1963).

1966 Eine schwere Sturmflut sucht Venedig heim. Internationale Hilfsprogramme zur Restaurierung der Lagunenstadt.
1979 Wiederbelebung des traditionsreichen Karnevals mit Filmregisseuren wie Federico Fellini.
1984 Gesetzeserlass zum Schutz Venedigs und der Lagune mit dem Projekt »Venezia Nuova«.
1996 Ein Brand zerstört das berühmte Gran Teatro La Fenice (Wiedereröffnung nach Rekonstruktion im Nov. 2004).
1997 Separatisten besetzen den Glockenturm von San Marco für ein unabhängiges Venetien.
2003 Venedig beginnt mit dem Bau von mobilen Dämmen als Hochwasserschutz.
2005 Massive Demonstrationen gegen das Hochwasserschutz-Projekt MOSE › S. 41.
2009 In einer Gondelprozession wird Venedig symbolisch zu Grabe getragen, als Protest gegen den Bevölkerungsschwund aufgrund extremer Lebenshaltungskosten.
2010 Aus den Bürgermeisterwahlen geht Giorgio Orsoni (Mitte-Links-Bündnis) als Sieger hervor.
2011 Ministerpräsident Berlusconi tritt im Nov. zurück, Nachfolger wird der Ökonom Mario Monti.
2012 Unter dem Druck der EU-Finanzkrise beschließt die Regierung Monti ein umfassendes Reform- und Sparprogramm.
2013 Venedig erlebt im Februar eine der schwersten Überschwemmungen seiner Geschichte. Schwierige Regierungsbildung nach den Parlamentswahlen; im Mai einigt man sich auf eine große Koalition, Enrico Letta (Partito Democratico) wird Ministerpräsident.

Natur & Umwelt

Nach dem Ende der Würmeiszeit (ca. 10 000 v. Chr.) stieg der Meeresspiegel wieder an, und die Adria bekam ihre heutige Gestalt. Drei Flüsse suchten sich von den Alpen ihren Weg: Brenta, Sile und Piave; eine Laune der Natur rückte ihr Mündungsgebiet auf einen kleinen Küstenstreifen zusammen. Aus ihren Ablagerungen formten die Meeresströmungen in Jahrtausenden das flache Lagunenmeer – ein Mischwasserbiotop mit idealen Bedingungen für die Pflanzen- und Tierwelt: geschützte Lage und ständiger Wasseraustausch durch Ebbe und Flut.

Landzungen schirmen die *Laguna Veneta* vom offenen Meer ab: das Litorale del Cavallino, die Inseln Lido und Pellestrina sowie die Landzunge Chioggia-Sottomarina. In der Inselwelt der Lagune fand auch der Mensch günstigen Lebensraum: landwirtschaftliche Flächen auf den Inseln, Fischfang, Salzgewinnung und Salzhandel, dazu eine risikolose Schifffahrt in dem geschützten Wasserrevier. Die drei Durchfahrten Porto di Lido, Porto di Malamocco und Porto di Chioggia stellen als natürliche Schleusen die

Verbindung zum offenen Meer her: lebensnotwendig für Schifffahrt und Ökologie der Lagune, lebensbedrohend für die Bewohner durch eindringende Sturmfluten – die letzte kam 1966.

Versinkt Venedig?

Die Lagune verdankt ihr Entstehen jahrhundertelangen Flussablagerungen. Sie wäre wie die Häfen von Aquileia und Ravenna wieder versandet, wenn die Venezianer nicht früh die Flüsse Brenta, Sile und Piave umgeleitet hätten. Als nach dem Ersten Weltkrieg die Industriezonen Porto Marghera und Mestre durch Landaufschüttung in der Lagune geschaffen und eine Rinne für Hochseeschiffe zum Festland ausgehoben wurden, zerstörte man das empfindliche Gleichgewicht zwischen Ablagerungen und Wasserzufluss in der Lagune, über das die Venezianer jahrhundertelang penibel gewacht hatten. Die Landaufschüttungen verkleinerten die Wasserfläche, die Rinne vergrößerte die Wassermenge. Der Wasserspiegel stieg.

Seit Venedig existiert, besteht Hochwassergefahr. Bei Tiefdruck in Norditalien, starkem Südostwind und Flut strömen riesige Wassermengen auf die Lagune zu. Mit Sondergesetzen wie dem Verbot der Grundwasserentnahmen von 1973 wurde ein weiteres Absinken der Stadt verhindert. 1994 wurde die Venezia Spa (Venedig AG) gegründet, um sich des weiteren Schicksals der Stadt anzunehmen.

Projekt MOSE

2003 nahm man das Projekt MOSE in Angriff, für 2015 ist seine Fertigstellung geplant: Die drei Meereszugänge der Lagune sollen mit 79 mobilen Toren verriegelt werden, wenn der Wind die Flutwellen der Adria Richtung Venedig treibt. Doch nicht nur Umweltschützer befürchteten massive ökologische Schäden, da der notwendige Wasseraustausch nicht mehr gewährleistet wäre, inzwischen hat auch die EU Bedenken angemeldet. Denn längst steht MOSE, einst Vorzeigeprojekt der Berlusconi-Regierung, auch vor immensen finanziellen Schwierigkeiten – gerade im Zuge der Schuldenkrise in Italien. Geschätzten Kosten: 4,6. Milliarden Euro!

SEITENBLICK

Acqua alta – Hochwasser

Wasser spielte immer eine zentrale Rolle für Venedig: Reichtum und politische Vormachtstellung verdankte die Lagunenstadt seit jeher dem Meer. Doch das in immer kürzeren Abständen auftretende *acqua alta,* das Hochwasser, das bei starken Winden in die Lagune gedrückt wird und dabei nicht nur den Markusplatz an rund 100 Tagen im Jahr unter Wasser setzt, macht den Bewohnern zunehmend zu schaffen – extrem im Februar 2013. Mit Gummistiefeln und über schmale Holzstege bewegen sich Bewohner und Besucher gleichermaßen mühsam fort, manche Plätze und Gassen sind gar nicht mehr passierbar. Sehr zum Unmut der Venezianer, die seit Langem einen wirksamen Hochwasserschutz fordern.

Kunst & Kultur

Kultur gestern und heute

Die Bindung des jungen Staates an Konstantinopel bedingte den großen Einfluss der byzantinischen Kunst auf Venedig: Die frühmittelalterliche Orientierung an Byzanz gab der venezianischen Kunst über mehrere Jahrhunderte eine Richtung vor, die sich stark von künstlerischen Entwicklungen in Europa absetzte. Byzantinische Künstler wirkten in Venedig, die einheimischen lernten von ihnen, und Kunstwerke aus dem Oströmischen Reich fanden den Weg in die Lagune.

Baukunst – Eleganz aus dem Osten

Die 1063 begonnene Kreuzkuppelkirche San Marco folgte byzantinischen Vorbildern; ihr Grundriss wird bis ins 18. Jh. hinein in venezianischen Kirchen variiert. Charakteristisch für byzantinische Bauten ist der gestelzte, elegant wirkende Rundbogen, den schlanke Säulen mit reich verzierten Kapitellen tragen.

Als im Mitteleuropa des 12. Jhs. der mächtige romanische Rundbogen dominierte, zog Venedig nicht mit – man hatte sich ja von der Rundbogenform aus dem Osten inspirieren lassen. Nur die Wandgliederung mancher Glockentürme erinnert an die Romanik. Und die Staatskirche San Marco erfuhr an der Schauseite eine romanische Korrektur. Den Orientkontakten verdankt die Kunst die arabische Inspiration: Der doppelt gebrochene »Moresco«-Bogen, nach Art der Mauren, entwickelte sich in der Lagunenstadt zu einer zauberhaften Fensterform. In luxuriöser plastischer Ausführung ziert er Nordportal und Schatzkammereingang der Markuskirche. Bei den opulenten Mosaiken stand ebenfalls der Osten Pate.

Das gotische Wunder

Auf dem Weg in die Lagune war der im 12. Jh. in Frankreich entstandenen Gotik der theologische Überbau abhanden gekommen; der gotische Zuckerguss (14. Jh.) der heutigen Markuskirche bestätigt die Übernahme als Dekorationssystem. Am Neubau des Dogenpalasts fließen jedoch die übernommenen Formen in die venezianische Gotik ein, eine Dekorationskunst, die das Stadtbild erheblich veränderte. Eine venezianische Spezialität wurde es, den Spitzbogen wie in einer Schnute enden zu lassen: Die strenge Gotik aus dem Norden verfällt der orientalischen Fantasie und weltlichen Schaulust.

Der Dogenpalast und viele Fassaden am Canal Grande sowie im gesamten Stadtbild erzählen das gotische Wunder. Gleichwohl wirken die wenigen gotischen Kirchen Venedigs breit und behäbig – einmal missfiel den gotisch bauenden Bettelorden allzu großer Aufwand, dann bescherte der Untergrund Fundamentprobleme. So sind Steingewölbe, sonst ehrgeizige Regel, in Venedig die Ausnahme (Santi Giovanni e Paolo). Dafür konstruierten die einheimischen Schiffszimmerer Holzdecken in der Form umgedrehter Schiffsbäuche (z.B. San Giacomo dall'Orio, San Polo) – eine venezianische Besonderheit, ebenso wie die statisch bedingten Holzbalken, die die Arkadenbogen aussteifen (z.B. Frari-Kirche, Santo Stefano).

Renaissance

Der lombardische Stil (benannt nach der Baumeisterfamilie Lombardo) hielt Ende des 15. Jhs. Einzug und hinterließ in Venedig wahre Meisterwerke an Marmorintarsien und -fassaden (Ca' Dario).

Unübersehbar sind die verspielten Halbkreise, die Mauro Codussi besonders liebte (San Zaccaria, Scuola di San Marco). Er errichtete die Ca' Vendramin mit Fensterformen aus der toskanischen Renaissance und als ein Juwel der Frührenaissance den Palazzo Corner-Spinelli.

Mit der Hochrenaissance kam in der Person des Baumeisters Jacopo Sansovino der Geist Roms nach Venedig. Sein Bibliotheksbau macht die Inspirationsquellen venezianischer Kunst auf einen Blick erfassbar: die Markuskirche (Byzantinik aus dem Osten), der Dogenpalast (Gotik aus dem Norden) und die Bibliothek (Renaissance aus dem Westen).

Früh wie nirgendwo setzte aber schon nach Sansovino, der 1570 starb, ein Klassizismus, besser Historismus ein: Die antikisierende Geschossgliederung durch die räumliche Wirkung von Säulen und Bogen blieb verbindlich. Diese Formensprache wird durch Wiederholungen, die keine Imitationen sein wollen, vergröbert und vergrößert; Geschosse und Säulen wachsen an

Venezianische Gotik: die Fassade des Palazzo Ducale

den Bauten, die die bisherige Baulinie übertrumpfen. So entstehen Kolosse, die dem Stadtbild aufgepfropft wirken; Ca' Pesaro, Ca' Labia, Palazzo Grimani, Ca' Rezzonico, Palazzo Grassi, Ca' Grande und Palazzo Pisani sind Variationen des gleichen Themas über 200 Jahre.

Barock in Venedig?

Viele profane und sakrale Bauwerke Venedigs fallen in die Barockepoche, ohne Barockbauten zu sein. Deren Raumidee, in Rom um 1600 entstanden, ist in Venedig sehr selten, stattdessen findet man in der Stadt häufig einen barock-klassizistischen Mischtypus: klassizistische Fassaden, die mit plastischem Bauschmuck überladen sind (San Moisè, San Stae, Santa Maria del Giglio). Ein wahres Meisterwerk des Barock ist allerdings Santa Maria della Salute von Baldassare Longhena.

Weltliche Prachtbauten aus dem 18. Jh. gibt es kaum – die finanziellen Ressourcen der Venezianer waren erschöpft. Den letzten großen Palazzo baute Giorgio Massari 1748 für die Familie Grassi am Canal Grande – kurz darauf brachte Napoleon die Republik endgültig zu Fall.

Giovanni Bellinis »Thronende Madonna mit Kind« in San Zaccaria

Malerei

Die Bindung an den orthodoxen Kanon Konstantinopels bewirkte, dass Venedig die neuen Kunstströmungen kaum wahrnahm. Florenz und Siena, selbst das epochale Werk Giottos in Padua vor der Haustür, blieben unbeachtet. Erst der Neubau des Dogenpalasts gab der Kunst neue Impulse. Man holte fortschrittliche Künstler in die Stadt, darunter Gentile da Fabriano aus den Marken, Pisanello, Paolo Uccello und Andrea del Castagno aus der Toskana.

Berühmte Künstler

Jacopo Bellini (1400–1471): Als Sohn eines Zinngießers geboren, übernahm der begabte Maler von seinem späteren Schwiegersohn Andrea Mantegna (1431–1506) die Stilprinzipien der Renaissance. Sein Sohn **Gentile Bellini** (1429–1507) erhielt von der Republik zahlreiche

Aufträge und wurde sogar nach Konstantinopel geschickt. Und auch dessen Bruder **Giovanni Bellini** (1430–1516), berühmt für seine Darstellungen der Muttergottes, wurde zum Staatsmaler der Serenissima und schuf atemberaubende Gemälde, Altarbilder und Landschaften. Beide haben in der Kirche Santi Giovanni e Paolo ihre letzte Ruhestätte gefunden.

Antonello da Messina (1430–1479): Er brachte mit dem neuen Realismus die Öltechnik nach Venedig. Er wirkte auf die andere große Malerfamilie, die Vivarini aus Murano: Beide Familien begründeten den Ruhm der venezianischen Malerei, der sogar den Nürnberger Albrecht Dürer 1505 zum Studium in die Lagune lockte.

Vittore Carpaccio (1455–1526): Als Sohn eines Pelzhändlers geboren, ist über Carpaccios Werdegang nur wenig bekannt. Man vermutet eine enge Beziehung zu den Bellini-Brüdern. Carpaccio gilt als Meister der Erzählung. Seine Werke schildern auf lebendige Weise Begebenheiten aus den Heiligenlegenden. Zu bewundern unter anderem in den Gallerie dell'Accademia.

Giorgione (1478–1510): Zusammen mit Tizian lernte Giorgione, der die Malerei revolutionierte, in der Werkstatt von Giovanni Bellini. Giorgione verzichtete auf die Anfertigung von Skizzen und malte stattdessen direkt auf die Leinwand. Die besondere Atmosphäre seiner Werke, etwa »Das Gewitter« (Accademia), entstand durch die besonderen farblichen Übergänge.

Tizian (um 1488/90–1576): Als Neunjähriger wurde er in die Lehre geschickt, arbeitete in der Werkstatt von Gentile und Giovanni Bellini und schuf 1508/09 gemeinsam mit Giorgione die heute nicht mehr existierenden Fresken am Fondaco dei Tedeschi. Tizian war getrieben von der Lust an Farbe. Eines seiner bedeutenden Frühwerke ist die »Assunta«, das knapp sieben Meter

SEITENBLICK

Scuole – Schulen

Das historische Venedig kannte über 60 *scuole* – so hießen die Interessengemeinschaften von Gewerbetreibenden der Kaufmannsstadt, die sich seit Gründung der Republik hauptsächlich karitativen Zwecken widmeten – im Zeichen eines Schutzheiligen, einer Landsmannschaft oder einer Zunft. Die Gewerbe der Bruderschaften florierten, man errichtete eigene Versammlungshäuser, ein neuer Bautypus wurde geprägt: unten Ankunftshalle, oben Saal und Nebenräume mit Hospiz für Geschäftsbesuche. Der wohl nicht unansehnliche Profit floss auch in die luxuriöse Ausstattung. Namhafte Künstler schmückten die Innenräume mit Decken- und Wandgemälden – Carpaccio, Tintoretto und Tiepolo wären allein schon durch die *scuole* unsterblich. Einige dieser Bauten sind heute Museen. Die Scuola Grande di San Rocco › S. 90 mit Tintorettos grandiosem Gemäldezyklus und die Scuola Dalmata di San Giorgio degli Schiavoni › S. 111 mit Bildern von Carpaccio sind noch in Originalausstattung erhalten.

hohe Altarbild in der Kirche Santa Maria Gloriosa dei Frari, wo Tizian 1576 beigesetzt wurde › **S. 90**.

Tintoretto (1518–1594): Der Sohn eines Färbers *(tintore)* verbrachte sein ganzes Leben in Venedig, genauer in Cannaregio. Expressive Dramatik kennzeichnet seine Werke: Licht, Raum und Bewegung transzendieren in seiner Bildersprache die Darstellung selbst. Fast alle seiner großen Werke sind in Venedig zu bewundern. Auf keinen Fall verpassen: das »Abendmahl« in der Kirche San Giorgio Maggiore.

Paolo Veronese (1528–1588): Der aus Verona stammende Künstler zählt zu den bedeutendsten Malern der Renaissance. Veronese gestaltete optimistische Diesseitigkeit in heiteren Himmeln. Auffallend: Auf vielen seiner Fresken sind Hunde abgebildet. Da er die sakralen Bilder zum Teil mit lustbetonten Szenen versah, musste Veronese sich sogar vor der Inquisition rechtfertigen.

Tiepolo (1696–1770): Der wohl bedeutendste venezianische Maler des Rokoko und Verehrer Veroneses arbeitete für bedeutende europäische Fürstenhäuser und wurde 1756 Präsident der gerade ins Leben gerufenen Accademia di Pittura e Scultura.

Canaletto (1697–1768): Er kam mit der Malerei in der Werkstatt seines Vaters, der Bühnenbilder für Theateraufführungen schuf, in Kontakt. Berühmt wurde Canaletto durch seine fast fotorealistisch genauen Venedig-Veduten. Als Hilfsmittel benutzte er eine Camera obscura.

Pietro Longhi (1702–1785): Er war ein malender Chronist des venezianischen Lebens im 18. Jh. Seine bisweilen humorvollen Genreszenen stellen eine hervorragende Quelle für das Studium der venezianischen Kultur- und Sittengeschichte dar.

Francesco Guardi (1712–1793): Der von Canaletto beeinflusste Veduten- und Landschaftsmaler des Rokoko schuf zunächst Altarbilder und Venedig-Ansichten. Anders als Canaletto setzte er jedoch nicht auf die exakte Wiedergabe der Wirklichkeit, sondern ließ seiner Fantasie stellenweise freien Lauf.

Theater und Literatur

Venedig selbst brachte keine großen Dichter hervor, aber die Stadt hat über Jahrhunderte hinweg eine starke Faszination auf Schriftsteller aller Herren Länder ausgeübt.

Ureigenste Erfindung der Lagunenstadt ist jedoch die **Commedia dell'arte,** die sogenannte Stegreifkomödie. Sie lebt noch heute in den Karnevalsmasken fort: Die Dienerfiguren Harlekin und Brighella artikulieren in ihren nie endenden Kämpfen mit dem Kaufmann Pantalone und dem Doktor Mut und Unmut des Volkes. Aus Standardsituationen und Improvisationen bestanden die Abläufe, bis Carlo Goldoni (1707–1793) die Stoffe literarisch fasste und zum Reformator der italienischen Komödie wurde.

Kaum jemand hat die Schönheit und Exklusivität der Lagunenstadt so eindringlich erfasst wie der russische Dichter und Literaturnobelpreisträger Joseph Brodsky. In seinen Impressionen **Ufer der Verlorenen** (Fischer TB, 2011) durchdringt er das winterliche Venedig in all seinen Facetten und Schattierungen. In **Die Stadt der fallenden Engel** (Pendo, 2006) verknüpft der Amerikaner John Berendt die Geschichte der Serenissima mit dem Leben ihrer glamourösen und exzentrischen Bewohner.

Feste & Veranstaltungen

Schon zu Zeiten der Republik hat Venedig rauschende Feste gefeiert. Daran hat sich bis heute nicht viel geändert. Gefeiert wird noch immer gern und viel, und Feste finden das ganze Jahr über statt, vorzugsweise im Sommer. Herausragende Ereignisse sind die Kulturveranstaltungen der Biennale › **S. 115** – und im Winter natürlich der Karneval › **S. 48**.

Festkalender

1. Januar: Capodanno, Neujahr. Ein paar furchtlose *ibernisti* (Winterschwimmer) begrüßen das neue Jahr auf kuriose Weise: Sie ziehen sich aus und dann warm an, um einen Sprung ins kalte Meer am Lido zu riskieren.

6. Januar: Epifania, Dreikönigstag. Regatta und Kinderfest.

Februar/März: Der **Carnevale** beginnt zwölf Tage vor Aschermittwoch; das Hauptgeschehen konzentriert sich allerdings auf die letzten fünf Tage. Dann verwandelt sich die Stadt in ein einziges Theater – Maskentreiben in einem Mammutveranstaltungsprogramm, das jedes Jahr unter einem bestimmten Motto steht.

4. Sonntag im März: Su e zo per i ponti, »Die Brücken rauf und runter«, nennt sich ein Stadtlauf, der jedes Jahr Besucherrekorde meldet. Von San Marco aus durchwandern die Teilnehmer alle Stadtteile und werden an-

Die aufwendigen, typisch venezianischen Karnevalsmasken sind weltberühmt

Prächtiges historisches Boot bei der Regata Storica im September

schließend mit einer Urkunde belohnt, die bei Schulklassen von nah und fern hoch im Kurs steht. Das Fest klingt mit einem Abschlussessen aus, an dem jeder nach Gusto teilnehmen kann.

März/April: Pasqua, Ostern.

25. April: Tag der Befreiung Italiens und Festa di San Marco. Zu Ehren des Stadtpatrons wird in der Markuskirche ein Hochamt abgehalten, und auf dem Canal Grande rudern die Gondolieri bei der Regata dei Traghetti um die Wette. Auf dem Markusplatz herrscht Volksfeststimmung; Verliebte und Verlobte schenken ihren Mädchen eine Rosenknospe, den *bocolo*.

1. Mai: Festa del Lavoro, Tag der Arbeit.

2. oder 3. Sonntag im Mai: Vogalonga. Alles, was Boot oder Kahn heißt, wird für dieses große Volksfest auf dem Wasser aktiviert. Rund 30 km lang ist die Strecke vom Giudecca-Kanal nach Burano und zurück nach San Marco.

2. Juni: Festa della Repubblica, italienischer Nationalfeiertag.

1. Sonntag nach Christi Himmelfahrt: Festa della Sensa. Zugrunde liegt ein altes Seefest der Republik, wo der Doge bei San Nicolò auf dem Lido seinen Ring ins Wasser warf, um die symbolische Vermählung Venedigs mit dem Meer zu erneuern. Heute ist der Bürgermeister für diese Zeremonie zuständig.

3. Sonntag im Juli: Festa del Redentore. Das populäre Ereignis geht auf ein Pestgelübde von 1576 zurück; am dritten Juliwochenende verbindet eine Pontonbrücke die Redentore-Kirche auf der Giudecca mit den gegenüberliegenden Zattere; am Samstagabend kommen die mit Girlanden und Lampions geschmückten Boote der Einheimischen zum Giudecca-Uferstreifen; man isst und trinkt auf den Booten, scherzt mit den Nachbarn und wartet auf das Abschlussfeuerwerk. Danach feiern die Unermüdlichen auf dem Lido weiter bis zum Sonnenaufgang.

15. August: Ferragosto, Mariä Himmelfahrt. Wie in ganz Italien wird an diesem Tag auch in Venedig das Urlaubsende mit einem Feuerwerk auf dem Lido gefeiert.

Ende August/Anfang September: **Internationale Filmfestspiele** auf dem Lido und in den Kinos der Stadt › S. 116.

September: **Regata Storica.** Das wohl spektakulärste Wasserfest des Jahres am ersten Septemberwochenende: Prächtige historische Bootstypen mit Besatzung in traditionellen Kostümen kreuzen auf dem Canal Grande vor den Prominententribünen. Im Mittelpunkt steht die Regatta der verschiedenen Bootsklassen; wer die Storica gewinnt, ist Held für ein Jahr. Mit der **Regata di Murano** wird eine Woche später Revanche genommen für die Regata Storica, diesmal auf Murano.

1. Sonntag im Oktober: **Regata di Sant' Erasmo.** Der erste Oktobersonntag markiert den Abschluss der Rudersaison, und zwar mit der einzigen Frauenregatta. Die Gemüseinsel Sant' Erasmo bietet zu diesem Anlass ihre Erzeugnisse feil.

1. November: **Ognissanti,** Allerheiligen.

21. November: Die **Festa della Salute** geht, wie das Redentore-Fest, auf ein Pestgelübde zurück: Beim Gritti Palace Hotel wird eine Holzbrücke über den Canal Grande errichtet. Eine Prozession bringt die Schwarze Madonna der Pestkirche Santa Maria della Salute nach San Marco und wieder zurück; ein kleiner Jahrmarkt umrahmt das Fest.

8. Dezember: **Immacolata Concezione,** Mariä Empfängnis.

25. Dezember: **Natale,** Weihnachten.

26. Dezember: **Santo Stefano,** Stefanstag.

SEITENBLICK

Der größte Maskenball der Welt – Karneval in Venedig

Es sind zauberhafte Szenen, die sich im Februar auf den Brücken, in den engen, oft regennassen Gassen und vor den historischen Palazzi abspielen. Geheimnisvolle Masken der Commedia dell'Arte und farbenprächtige, kunstvolle Kostüme auf lautlos dahingleitenden Gondeln – der venezianische Karneval ist legendär! Für zehn Tage verwandelt er die Lagunenstadt in den wohl schillerndsten Maskenball der Welt (Infos: www.carnevale.venezia.it).

Bereits im Mittelalter feierten die Venezianer vor Beginn der langen Fastenzeit ihren Karneval. Für kurze Zeit verschwanden in der Dogenrepublik die Standesunterschiede: Hinter raffinierten und aufwendigen Masken wurden Bettler zu Königen, Marktfrauen zu Komtessen. Als die rauschenden Maskenbälle und das Spiel der Gaukler und Musiker in den Gassen gar kein Ende mehr nahmen und das respektlose Treiben schließlich den ganzen Winter über andauerte, verbot Napoleon 1797 den Mummenschanz. Doch seit den 1980er-Jahren ist der Karneval zurückgekehrt in die Lagunenstadt, und mit ihm Abertausende von Besuchern. Barockmusik, Maskenbälle, Umzüge, Theater und ein furioses Feuerwerk, das jeweils am Dienstag das bildgewaltige Spektakel beendet: Das ist »Il Carnevale di Venezia«.

Nächtliches Venedig:
Santa Maria della Salute an der
Mündung des Canal Grande

TOP-TOUREN IN VENEDIG

1 Der ***Canal Grande

Das Beste!

- **Die Ca' d'Oro fotografieren,** den schönsten Palazzo am Canalazzo › S. 54
- **An der Pescheria** aussteigen und über den farbenfrohen Markt bummeln › S. 55
- **Am Ende der Fahrt in Harry's Bar** auf einen Bellini einkehren › S. 58
- **Eine Nachtfahrt,** wenn die Palazzi angestrahlt sind › Bild S. 50/51

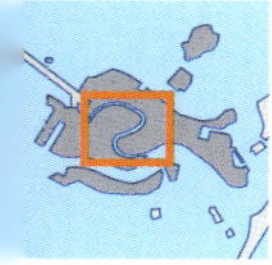

Eine Fahrt mit dem Vaporetto über die Prachtwasserstraße Venedigs, entlang den wie an einer Perlenkette aufgereihten Palästen, Kirchen und Patrizierhäusern, ist zu jeder Tages- und Jahreszeit ein ganz besonderes Erlebnis.

Tour 4 Fahrt über den Canal Grande

Tour-Übersicht:

Verlauf: **Bahnhof Santa Lucia › Rialto › Ponte dell'Accademia › San Marco**

Dauer: Ca. 30 Min. dauert die Tour mit dem Vaporetto. Mindestens einen halben Tag sollte man einplanen, wenn man zwischendurch aussteigt und einen der Museumspalazzi von innen besichtigt.

Praktische Hinweise:

- Die Vaporetti sind tagsüber sehr voll. Wer weder stehen noch drinnen sitzen, sondern die Palazzi in aller Ruhe betrachten oder fotografieren möchte, der sollte die Tour für den frühen Morgen einplanen.
- Lösen Sie am besten ein 12-Stunden-Ticket › S. 17, wenn Sie unterwegs aus- und später wieder zusteigen wollen.

Tour-Start:

Bei einer Fahrt über den Canal Grande, der in einer großen S-förmigen Schleife von 3800 m Länge Venedig in zwei Hälften teilt, gleitet man an einzigartigen Architekturdenkmälern vorbei: Mehr als 200 Paläste säumen die berühmteste Wasserstraße der Welt. Man streift mit Ausnahme von Castello alle Stadtteile Venedigs. Die Venezianer legten die Schauseiten ihrer Wohn- und Handelshäuser an die Wasserfront. Venedig lag sehr geschützt und konnte sich daher einen eigenen Baustil erlauben – offen und repräsentativ.

Gondoliere auf dem Canal Grande

An der Stazione Santa Lucia 1

Am Ausgangspunkt der Fahrt lohnt sich als Erstes ein Blick auf den **Ponte della Costituzione**. Die neue, moderne vierte Brücke über den Canal Grande, die den Bahnhof mit dem Piazzale Roma verbindet, wurde am 11. September 2008 eröffnet. Nach dem Architekten Santiago Calatrava wird sie inoffiziell auch *Ponte di Calatrava* genannt. 11,2 Mio. Euro hat das skandalträchtige Bauwerk gekostet, an dessen Architektur sich die Geister scheiden und das nach Meinung vieler Venezianer schlicht überflüssig ist. Denn der Ponte Scalzi liegt in Sichtweite.

Gegenüber dem Bahnhof fällt die Säulenvorhalle der Kirche **San Simeone Piccolo** 2 auf; das Pantheon in Rom war Vorbild für diesen Kuppelbau (1718–1738). Man sagt, dem Vedutenmaler Canaletto habe an dieser Stelle etwas für sein Bild gefehlt, und so habe er das kleine

Per Vaporetto oder Gondel geht es unter der berühmten Rialtobrücke hindurch

Pantheon »erfunden«. Die Venezianer sollen es dann nach seinem Bild erbaut haben.

Auf der Bahnhofsseite erhebt sich kurz vor der Brücke die Fassade der im Ersten Weltkrieg fast vollständig zerstörten Kirche **Santa Maria degli Scalzi** 3 › S. 95, in der Ludovico Manin, der letzte Doge Venedigs, begraben ist.

Riva di Biasio bis San Stae

Gegenüber der Anlegestelle Riva di Biasio erblickt man die Kirche **San Geremia** 4 › S. 95. Linker Hand der Station **San Marcuola** liegt die gleichnamige Kirche 5 aus dem 18. Jh., vis-à-vis ein Musterbeispiel der venezianischen Baukunst im byzantinischen Stil: der prunkvoll ausgestattete ***Fondaco dei Turchi** 6 › S. 87, in dem heute das Museum für Naturgeschichte untergebracht ist. Gegenüber steht der ***Palazzo Vendramin-Calergi** 7, eine wuchtige Schöpfung der Renaissance (um 1500) von Mauro Codussi. In diesem Palast starb am 13. Februar 1883 Richard Wagner. Heute ist in dem eleganten Palazzo das Spielkasino untergebracht.

Die nächste Anlegestelle heißt San Stae › S. 87; auf diesem Ufer folgt die ***Ca' Pesaro** › S. 87, eine Schöpfung Baldassare Longhenas (1598–1682), der durch monumentale Fassaden das Gesicht Venedigs prägte. 1628 begonnen, wurde die Ca' Pesaro erst Anfang des 18. Jhs. vollendet; sie beherbergt heute die Galerie für moderne Kunst.

Ca' d'Oro bis Rialto

Die nächste Anlegestelle ist nach einem Juwel der gotischen Baukunst in Venedig ****Ca' d'Oro** 8 › S. 101 benannt. Der Palast, dessen Fassade einst vergoldet war, entstand zwischen 1422 und 1440 und beherbergt heute ein sehenswertes Kunstmuseum.

Erst-|
klassig

Kurz vor der Rialtobrücke wird Venedigs schönster Markt abgehalten (Anlegestelle Rialto Mercato, › **S. 84**). In der Mitte der 25 Bogen zur Kanalfront wird der Blick aufs andere Ufer reich belohnt: Die ***Ca' da Mosto** **9** (13. Jh.) zeigt sich im veneto-byzantinischen Stil. Bis zum Ende der Republik 1797 stiegen hier, im damaligen Gasthof Leon Bianco, sogar gekrönte Häupter wie Kaiser Joseph II. ab.

Der Canal Grande setzt jetzt zu der scharfen Rechtskurve an, die zur Rialtobrücke führt; rechts vor der Brücke sieht man den **Palazzo dei Camerlenghi** › **S. 80**, nach dem schweren Brand von 1513 errichtet, der das Rialto-Viertel in weiten Teilen zerstörte. Direkt vis-à-vis erhebt sich die Wasserfront des 1508 fertiggestellten **Fondaco (Fontego) dei Tedeschi** › **S. 80**. Der ehemalige Handelshof der deutschen Kaufleute war lange Hauptpost, 2008 kaufte Benetton das Gebäude, das nun tatsächlich zu einer Shopping Mall umgebaut werden soll.

Mit der ***Rialtobrücke** › **S. 80** folgt die weltberühmte Kanalbrücke, die bis vor etwa 150 Jahren den einzigen Übergang über den Canal Grande darstellte. Hier entfaltete sich das Geschäftszentrum der blühenden Republik.

Bedeutung für den heutigen Handel hat als Sitz der Banca d'Italia der **Palazzo Dolfin-Manin** **10**. Die klassischen Renaissancelinien, die Sansovino (16. Jh.) entwarf, werden von den blauen Markisen vorteilhaft unterstützt. Der Kontrast folgt gleich nebenan mit dem **Palazzo Bembo**: Gotik aus dem 15. Jh. auf roter Fassade. Im Palast werden immer wieder Wechselausstellungen zeitgenössischer Kunst präsentiert.

Rialto bis San Silvestro

Auf demselben Ufer folgt mit der **Ca' Farsetti** **11** › **S. 80** erneut einer der prunkvollen, byzantinisch geprägten Bauten. Die Bogen erscheinen nicht nur dort, wo sie statisch notwendig sind, sondern haben sich zum Dekorationsprinzip verwandelt, das die ganze Fassadenfläche zu gliedern hat. So entsteht eine harmonisch durchdachte Reihung wie im Wassergeschoss der Ca' Farsetti, in der heute Venedigs Rathaus *(municipio)* beheimatet ist.

Der Canal Grande mit den Kuppeln von Santa Maria della Salute

Ballsaal in der Ca' Rezzonico

Gegenüber, neben der Anlegestelle San Silvestro, steht mit dem Ziegelbau des **Palazzo Barzizza** **12** ein weiterer Prototyp eines veneto-byzantinischen Hauses (12./13. Jh.); die kunstvoll gestaltete Fensterpartie im Balkongeschoss stammt noch aus der Entstehungszeit.

Auf der anderen Seite ragt die kolossale Fassade des ***Palazzo Grimani** **13** empor, den der Veroneser Michele Sanmicheli Mitte des 16. Jhs. schuf und der heute den Appellationsgerichtshof beherbergt. Daneben steht, getrennt vom Rio di San Luca, die elegante spätgotische Loggia des **Palazzo Corner Contarini dei Cavalli** **14** (15. Jh.).

San Angelo und San Tomà

Ein besonderes Schmuckstück der blühenden Spätgotik ist der um das Jahr 1568/69 fertiggestellte ***Palazzo Barbarigo della Terrazza** **15**, der an seiner Terrasse zu erkennen ist. Neben der Anlegestelle San Angelo errichtete Mauro Codussi Ende des 15. Jhs. den **Palazzo Corner-Spinelli** **16**: unübertreffliche Eleganz der Frührenaissance.

Von der Anlegestelle San Tomà aus blickt man am anderen Kanalufer auf die Front der vier **Palazzi Mocenigo** **17**. Beim ersten, einem Renaissancebau, setzen blaue Markisen Farbtupfen, die die helle Fassade betonen. Im zweiten, etwas breiteren und nicht so spektakulären, wohnte Lord Byron mit seiner Geliebten. Man erkennt das Haus an den Löwenköpfen, die sich über die gesamte Breite ziehen.

San Tomà bis Palazzo Loredan dell'Ambasciatore

An der Kanalbiegung mündet rechts der Rio di Ca' Foscari ein; nach der Mündung folgt der Komplex der ***Ca' Foscari** **18** › S. 92, heute Hauptsitz der Universität. Der Palast gehört zu den letzten der Spätgotik. Der Doge Foscari (1423 bis 1457) ersteigerte 1452 den Vorgängerbau, ließ ihn abreißen und in der jetzigen Gestalt neu aufbauen. Er selbst erlebte jedoch die Vollendung des prächtigen Palazzo nicht mehr; nach fast 35-jähriger Regierungszeit wurde er abgesetzt und starb aus Gram über die Wahl seines Nachfolgers.

Die ***Ca' Rezzonico** **19** › S. 92 kurz vor der gleichnamigen Anlegestelle ist ein Werk von Baldassare Longhena aus der Mitte des 17. Jhs. in monumentalem Klassizismus. Die Inneneinrichtung des 18. Jhs. blieb erhalten (Museo del Settecento Veneziano).

Direkt gegenüber liegt der monumentale **Palazzo Grassi** 20 › S. 76. Er gilt als Musterbeispiel der klassizistischen Architektur des 18. Jhs. und wurde vom Stararchitekten Tadao Ando mit Fingerspitzengefühl umgebaut.

Rechts daneben reckt sich mit dem Campanile der ehemaligen Kirche **San Samuele** einer der ältesten Glockentürme von Venedig (12. Jh.) in den Himmel. Hier soll Giacomo Casanova kurzzeitig als Priester tätig gewesen und volltrunken von der Kanzel gefallen sein.

Wieder auf dem rechten Ufer, folgt mit dem **Palazzo Loredan dell'Ambasciatore** 21 eine spätgotische Konstruktion (15. Jh.), in deren Nischen bereits Skulpturen im lombardischen Stil der Frührenaissance (Ende 15. Jh.) stehen. In diesem Bau residierten während des 18. Jhs. die kaiserlichen Botschafter; von da leitet sich auch der Beiname »dell'Ambasciatore« ab.

Ponte dell'Accademia bis Anleger San Marco

Wer zum Ponte dell'Accademia (Akademiebrücke) blickt, sieht rechter Hand die schlanke, aufstrebende Fassade der ehemaligen Kirche **Santa Maria della Carità.** Im rechten Winkel dazu erstreckt sich die Fassade der berühmten ****Gallerie dell'Accademia** 22 › S. 119, der bedeutendsten venezianischen Gemäldesammlung.

Gleich nach der Brücke erhebt sich auf dem linken Kanalufer der ***Palazzo Cavalli-Franchetti** 23 mit aufwendig gestalteter Fensterzone (15. Jh.).

Am anderen Ufer sieht man als zweites Gebäude nach der Brücke den **Palazzo Contarini dal Zaffo** 24, ein Musterbeispiel für die lombardische Architektur des späten 15. Jhs. Die verspielte Formensprache Codussis klingt bei diesem Bau an.

Auf derselben Seite folgt nach der Einmündung des Rio San Vio ein

SEITENBLICK

Lebenslänglich unter Aufsicht: der Doge

Der erste Doge von Venedig, Paolo Lucio (auch Paoluccio) Anafesto, wurde im Jahr 697 von der Volksversammlung gewählt und war ein rein militärischer Führer. Mit dem aufstrebenden Gemeinwesen wurde die Funktion politisch, mit der Ablösung der Volksversammlung durch den Großen Rat der Patrizier wachte dieser sehr kritisch über den auf Lebenszeit gewählten Dogen, dessen Amt nie erblich wurde. Der Doge durfte keinen Handel treiben, musste reich sein, um die Repräsentationsverpflichtungen aus eigener Tasche bezahlen zu können, und durfte keine Geschenke annehmen. Sein Leben regelte ein strenges Zeremoniell, das ihn mit kirchlichen und weltlichen Terminen eindeckte. Für jeden Anlass waren bestimmte Kleidungsstücke vorgeschrieben – beispielsweise das hornförmige Barett für den Osterbesuch bei den Nonnen von San Zaccaria. Er stand ständig unter Aufsicht und hatte nie Ausgang – aber mit dem Dogenpalast auch wahrlich kein schlechtes Domizil.

› Karte S. 62

Eine Perle der Frührenaissance: Ca' Dario

Unglücksfall für den Canal Grande und die ganze Stadt: Die imitierten Mosaiken an der Fassade des **Palazzo Barbarigo** 25 aus dem Jahr 1887 stören das ansonsten harmonische Gesamtbild.

Gegenüber erblickt man den **Palazzo Corner Ca' Grande** 26, das »große Haus«. Sansovino hat es (nach 1532, als der Vorgängerbau abbrannte) entworfen. Das Untergeschoss auf dem Wasser ist stilistisch von den oberen abgesetzt, die durch klassische Säulenordnungen hervorgehoben werden. Der ehemalige Besitz der Familie Corner dient heute der Verwaltung der Provinz und als Präfektur.

Am rechten Ufer direkt gegenüber sieht man einen Flachbau mit einem Garten dahinter: den unvollendeten **Palazzo Venier dei Leoni** 27. Der ehemalige Wohnsitz von Peggy Guggenheim ist heute Ausstellungsgebäude › **S. 120** und beherbergt die hochkarätige Kunstsammlung, die sie bis 1979 zusammentrug.

Auf demselben Ufer kommt mit der ****Ca' Dario** 28 wieder eine Perle der Frührenaissance ins Blickfeld. Die farbigen Marmorintarsien verraten den lombardischen Stil des späten 15. Jhs. – vielleicht war Pietro Lombardo selbst Baumeister. Auf dem Palast soll ein Fluch liegen – alle seine bisherigen Inhaber und Bewohner waren vom Unglück verfolgt.

Wieder auf dem anderen Kanalufer, erkennt man leicht den **Palazzo Pisani-Gritti** 29. Hinter ihm mündet ein Seitenkanal in den Canal Grande, das dritte Haus danach ist der zierliche ***Palazzo Contarini-Fasan** 30. Seine Balkonbrüstungen sind mit radartigen Dekorationselementen verziert, mit denen sich der Übergang von der Spätgotik zur Renaissance ankündigt. Hier wohnte angeblich Desdemona, die mit Shakespeares Tragödie »Othello« in die Weltliteratur einging.

Die Bauten auf der anderen Seite laufen in den alten Zollgebäuden und der **Punta della Dogana** › **S. 122.** aus, wo 2009 das Museum für zeitgenössische Kunst eröffnet wurde.

Auf der Gegenseite sticht die **Ca' Giustinian** 31 im Stil der Spätgotik heraus (15. Jh.). Die Fahrt endet an der Anlegestelle San Marco/Vallaresso, wo man in der legendären Harry's Bar › **S. 73** die Eindrücke der Fahrt bei einem Bellini Revue passieren lassen kann.

Erst-klassig

Christus Pantokrator – Detail der Pala d'Oro in der Markusbasilika

San Marco

Das Beste!

- Den menschenleeren Markusplatz in den frühen Morgenstunden genießen › S. 61
- Vom berühmten Caffé Florian aus das Treiben auf dem Markusplatz beobachten › S. 64
- Den atemberaubenden Blick vom Campanile über die Stadt erleben › S. 65
- In der Chiesa San Vidal einem Konzert lauschen › S. 76

› Karte S. 62

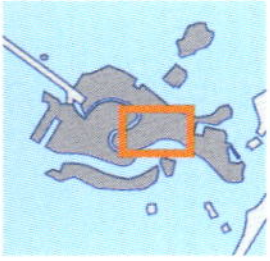

Das Markusviertel mit der Piazza San Marco, dem Dogenpalast, dem Campanile und der Markusbasilika im Zentrum ist das Herz Venedigs und der Touristenmagnet der Lagunenstadt für Besucher aus aller Welt.

San Marco, einst das politische Zentrum der Serenissima, bildet bis heute den Hauptanziehungspunkt für Touristenscharen aus aller Herren Länder. Die Piazza San Marco mit der überwältigend schönen Basilica di San Marco und dem imposanten Dogenpalast sowie die zahlreichen stattlichen Palazzi, die der Adel an der unteren Kanalschleife errichten ließ, zählen zu den großartigsten Attraktionen der Lagunenstadt.

Neben bedeutenden Museen wie dem Museo Correr, dem Museo Fortuny und dem Palazzo Grassi sind hier zugleich wichtige Bühnen angesiedelt: das berühmte Gran Teatro La Fenice, das nach dem verheerenden Brand 1996 wie ein Phönix aus der Asche auferstanden ist, sowie das Teatro Goldoni.

Vor allem aber ist San Marco das geschäftigste aller Stadtsechstel mit einem geradezu schwindelerregenden Warenangebot. In den Gassen zwischen San Marco und Rialto schieben und drängeln sich Abertausende von Menschen durch die engen Einkaufsgassen. Designergeschäfte und Boutiquen haben in den Mercerie ebenso ihren Sitz wie die vielen Kunsthandwerkgeschäfte, die Muranoglas, Masken, Lederwaren und Spitzen anbieten, und natürlich die Souvenirläden mit allerlei Nippes. Doch auch in San Marco gibt es beschauliche Plätze und ruhige Gassen, wenn man sich von den Haupteinkaufsstraßen ein wenig entfernt. Am besten lässt man sich treiben, verlaufen kann man sich nicht: Schilder weisen immer wieder Richtung Markusplatz.

Die Schaltzentrale der einstigen Weltmacht: der Dogenpalast

Touren in San Marco

Tour 5 Rund um die Piazza San Marco

Tour-Übersicht:

Verlauf: Museo Civico Correr › Basilica di San Marco › Palazzo Ducale › Torre dell'Orologio

Dauer: 1 Tag

Praktische Hinweise:

- Ausgangs- und Endpunkt: Vaporetto-Station San Marco/Vallaresso.
- Wer stundenlange Wartezeiten für die Besichtigung der Basilika vermeiden möchte, sollte sich spätestens um 8.30 Uhr einfinden. Rucksäcke und Taschen müssen vor der Besichtigung abgegeben werden (Weg ist ausgeschildert). Korrekte Kleidung ist unerlässlich: Schultern und Beine müssen bedeckt sein. Fotografieren ist in der Basilika verboten! Wer die Museen am Markusplatz besuchen möchte und nicht im Besitz der **Venice Card** ist, sollte sich den **Museum Pass** kaufen › S. 139.

Tour-Start:

Das Ensemble von Markusplatz, Markuskirche und Dogenpalast ist das Herz Venedigs. Berühmt sind die Cafés Florian, Quadri und Lavena › S. 64. Hier nippt man zu Orchestermusik an sündhaft teurem Kaffee und genießt das einzigartige Panorama samt flatternder Tauben.

Für die LIVE-MUSIK in den Cafés zahlt man übrigens extra. Und – auch wenn es für die allseits populären Fotos oft nicht eingehalten wird: Es besteht striktes TAUBENFÜTTER-VERBOT › S. 140.

***Piazza San Marco

Der schönste Platz der Stadt – und der einzige Venedigs, der sich Piazza nennen darf, alle anderen heißen Campo. Auf der L-förmig angelegten Piazza wurden zur Zeit der Serenissima rauschende Feste gefeiert, hier befanden sich rund 24 Kaffeehäuser, und hier bauten die Händler ihre Marktstände auf. Die Gebäudeflügel, die den Markusplatz rahmen, sind die Procuratie. Im linken Flügel, den **Procuratie Vecchie** 32, waren vom 16. Jh. an die höchsten Verwaltungsbeamten der Republik untergebracht; den rechten Flügel, die **Procuratie Nuove** 33, begann Scamozzi im 16. Jh. nach dem Vorbild der Biblioteca Marciana. Erst Verwaltungssitz, dienten sie nach dem Ende der Republik als Kaiserresidenz.

Den schönsten Eindruck vom Markusplatz gewinnt man unter der **Ala Napoleonica** 34, dem von Napoleon verfügten Abschluss der Piazza, die er den »schönsten Salon Europas« nannte – was ihn jedoch nicht daran hinderte, eingreifende bauliche Veränderungen vorzunehmen. In diesem Flügel befindet sich auch der Eingang zum Museo Civico Correr. Erst-! klassig

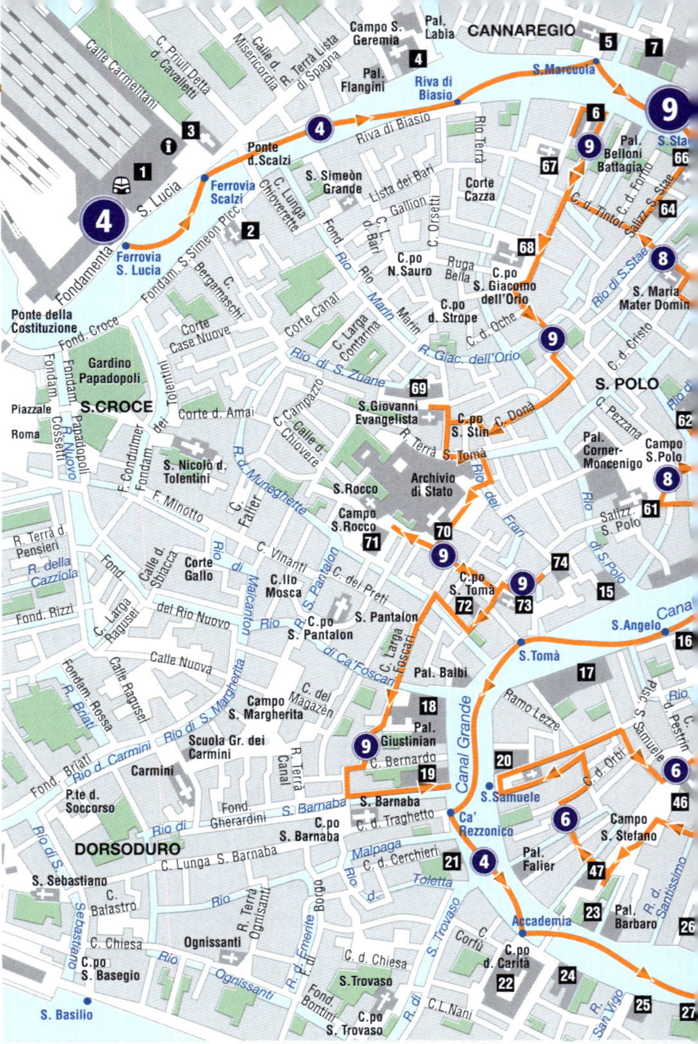

Tour 4 Fahrt über den Canal Grande

1 Stazione Santa Lucia
2 San Simeone Piccolo
3 Santa Maria degli Scalzi
4 San Geremia
5 San Marcuola
6 Fondaco dei Turchi
7 Palazzo Vendramin-Calergi
8 Ca' d'Oro
9 Ca' da Mosto
10 Palazzo Dolfin-Manin
11 Ca' Farsetti
12 Palazzo Barzizza
13 Palazzo Grimani
14 Palazzo Corner Contarini dei Cavalli
15 Palazzo Barbarigo della Terrazza
16 Palazzo Corner-Spinelli
17 Palazzi Mocenigo
18 Ca' Foscari
19 Ca' Rezzonico
20 Palazzo Grassi
21 Palazzo Loredan dell'Ambasciatore
22 Gallerie dell'Accademia
23 Palazzo Cavalli-Franchetti
24 Palazzo Contarini dal Zaffo
25 Palazzo Barbarigo
26 Palazzo Corner Ca' Grande
27 Palazzo Venier dei Leon
28 Ca' Dario
29 Palazzo Pisani-Gritti
30 Palazzo Contarini-Fasan
31 Ca' Giustinian

Tour 5 Rund um die Piazza San Marco

32 Procuratie Vecchie
33 Procuratie Nuove
34 Ala Napoleonica
35 Museo Civico Correr
36 Biblioteca Marciana
37 Loggetta
38 Campanile
39 Basilica di San Marco

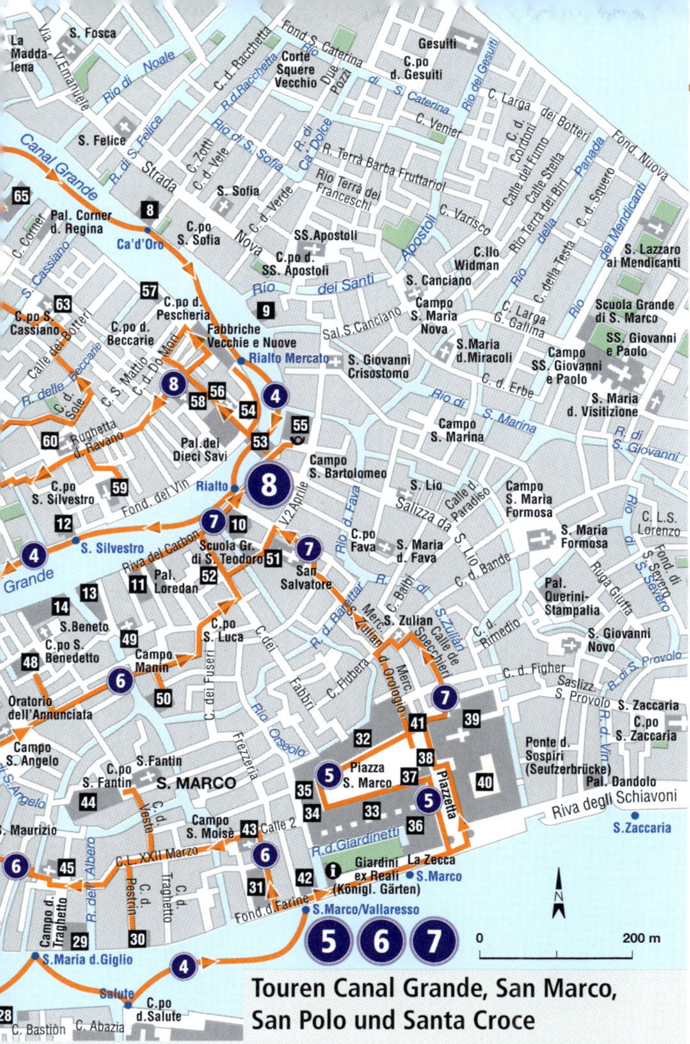

Touren Canal Grande, San Marco, San Polo und Santa Croce

40 Palazzo Ducale
41 Torre dell'Orologio

Tour 6 Im Herzen von San Marco

42 Capitaneria del Porto
43 San Moisè
44 Gran Teatro La Fenice
45 Santa Maria del Giglio
46 Chiesa di Santo Stefano
47 Chiesa San Vidal
48 Palazzo Fortuny
49 San Luca
50 Palazzo Contarini del Bovolo

Tour 7 Vom Markusplatz nach Rialto

51 San Salvatore
52 Teatro Goldoni
53 Ponte di Rialto
54 Palazzo dei Camerlenghi
55 Fondaco dei Tedeschi

Tour 8 Von der Rialtobrücke zu San Stae

56 San Giacomo di Rialto
57 Mercato di Rialto
58 San Giovanni Elemosinario
59 San Silvestro
60 Sant'Apollinare
61 San Polo
62 Campiello Albrizzi
63 Chiesa di San Cassiano
64 Palazzo Mocenigo
65 Ca' Pesaro
66 San Stae

Tour 9 Von San Stae zur Ca' Rezzonico

67 Zan Degolà
68 San Giacomo dall'Orio
69 Scuola Grande di San Giovanni Evangelista
70 S. M. Gloriosa dei Frari
71 Scuola Grande di San Rocco
72 San Tomà
73 Scuola dei Calegheri
74 Casa Goldoni

Museo Civico Correr 35

Das Museum besitzt zwei Sammlungen: das **Museum zur Kulturgeschichte Venedigs** mit zahlreichen Dokumenten, Münzen, Waffen und Gemälden sowie eine **Gemäldegalerie** mit Werken aus der Kunstsammlung von Nobile Teodoro Correr; sie umfasst Kunstschätze aus dem 14. bis 19. Jh., darunter das berühmte Gemälde »Zwei Venezianerinnen« von Vittore Carpaccio (April–Okt. tgl. 10–19, Nov.–März 10–17 Uhr).

SEITENBLICK

Berühmte Kaffeehäuser

Auf dem Markusplatz wurde 1683 das erste europäische Kaffeehaus eröffnet. Nachdem Kaffee lange Zeit als bitter schmeckende Medizin galt, entdeckte man im 17. Jh. seine besonderen Vorzüge als anregendes Genussmittel. Dank der guten Verbindungen zum Osmanischen Reich blühte fortan der Handel mit Kaffeebohnen; Kaffeehäuser schossen in Venedig wie Pilze aus dem Boden. Drei davon existieren bis heute am Markusplatz: **Florian, Quadri** und **Lavena.** Viele prominente Schriftsteller, Künstler und Musiker tranken hier schon ihren Kaffee bei Salonmusik, darunter Richard Wagner, der übrigens das Lavena bevorzugte. Am berühmtesten aber ist zweifellos das 1720 eröffnete Caffé Florian mit seinen roten Plüschsitzen und den schweren Spiegeln. Zu den illustren Gästen zählten u.a. Casanova, Goethe und Rousseau. Wer heute hier einkehrt, sollte sich allerdings auf gesalzene Preise einstellen.

Erst-! klassig

Biblioteca Marciana 36

Die Markusbibliothek mit ihrem Bestand von über 750 000 Bänden, darunter 13 000 Handschriften, sowie das **Museo Archeologico** (April bis Okt. tgl. 10–19, Nov.–März 10 bis 17 Uhr) erreicht man über das Museo Correr.

Der Florentiner Baumeister Jacopo Sansovino wollte den Neubau von 1537 *alla romana* gestalten. Das Konzept, das Scamozzi nach Sansovinos Tod vollendete und auf seinen Neubau übertrug, gab der venezianischen Architektur eine neue Richtung: Byzantinische und gotische Formensprache hatten ausgedient, die Renaissance hielt Einzug. Vorgesetzte Säulen verleihen der Fassade Tiefe, die Arkaden wirken durch Säulchen und plastischen Schmuck verspielt. Diese neue Formensprache machte in ganz Europa Schule.

Das üppige Treppenhaus der Bibliothek eifert dem des Dogenpalasts nach. Im Vestibül schaut von der perspektivischen Decke Tizians »Sapienza« (Weisheit) herab; die *Sala dorata* (Goldener Saal) überwölbt eine Golddecke mit 21 Medaillons – sieben Künstler malten unter Tizians Aufsicht, Paolo Veronese (6. Reihe) ging als Sieger aus dem Wettstreit hervor.

Loggetta 37

Wie ein Podest für den Campanile wirkt die Loggetta, ein Werk Sansovinos aus dem 16. Jh. Während der Sitzungen des Großen Rats diente die Bogenhalle als Unterstand der Palastwache.

2 Campanile 38

Absolut lohnenswert ist die Fahrt auf den Campanile. Ein Fahrstuhl (im Sommer tgl. 9–19.30, Okt. bis März bis 17 Uhr, 8 €) erklimmt das Klangarkadengeschoss des 98 m hohen Backsteingiganten, der im 12. Jh. errichtet wurde, 1902 aber ganz unerwartet einstürzte und nach originalen Plänen wiederaufgebaut wurde. Punkt Mitternacht schlägt die Glocke des Campanile.

3 ***Basilica di San Marco 39

Das bedeutendste Sakralbauwerk Venedigs ist ein Gesamtkunstwerk von vollendeter Schönheit. Die Markusbasilika besitzt das größte zusammenhängende Mosaik der Welt und versinnbildlicht bis heute die Größe und Macht der venezianischen Republik. Im Jahr 828 war es venezianischen Kaufleuten gelungen, die Gebeine des hl. Markus aus Alexandria zu stehlen und, bedeckt mit Schweinefleisch, an den muslimischen Zöllnern vorbeizuschmuggeln. Der Legende nach kam der Evangelist Markus als Schiffbrüchiger auf einer Laguneninsel wieder zu sich, nachdem ihm im Traum ein Engel mit den Worten »Pax tibi, Marce, evangelista meus« (Friede mit dir, Markus, mein Evangelist) erschienen war. Für ihren Schutzpatron baute die Stadt ihre erste große Kirche.

Info

- Öffnungszeiten der Markuskirche: Mo–Sa 9.45–17, So, Fei, Ostern–Nov. 14–17, Nov.–Ostern bis 16 Uhr, Eintritt frei. Pala d'Oro und Tesoro Mo–Sa 9.45–17 bzw. 16, So/Fei 14 bis 17/16 Uhr.
- www.basilicasanmarco.it

Touristenrummel auf den Markusplatz

Baugeschichte

Die erste Markusbasilika wurde 832 geweiht; der Bau in der heutigen Gestalt ist San Marco III, begonnen 1063, geweiht 1094. Vorbild war die später zerstörte Apostelkirche in Konstantinopel: Der Grundriss ist ein griechisches Kreuz mit vier gleich langen Armen, an der Schauseite eine zweistöckige Vorhalle, in jeweils fünf Arkaden gegliedert. Im 13. Jh. erfolgte eine Anpassung an den Zeitstil der Romanik.

Die in Byzanz erbeuteten vier vergoldeten Bronzepferde krönen die Loggia (Original im Museo

Marciano › **S. 67**). Im Zuge der Umbauarbeiten im gotischen Stil zu Beginn des 15. Jhs. erhielt die Fassade Spitzbogen, Figurenschmuck und schmalgliedrige Türmchen. Die Verkleidung der ursprünglichen Ziegelsteinfassade mit feinstem Marmor und der Bauschmuck mit erlesensten Kunstwerken, von überall zusammengetragen, waren zur Vollendung gekommen. In den vergangenen fünf Jahrhunderten erfuhr die Basilika keine wesentlichen Veränderungen mehr.

Außenbau

Fünf Portale führen in die Vorhalle; der Haupteingang in der Mitte ist besonders betont. Die ***Bronzetüren** mit Löwenköpfen kamen im 11. Jh.

Mosaiken in der Vorhalle von San Marco

aus Konstantinopel. Romanische Skulpturen schmücken die Bogen; auch die Seitenportale sind reich verziert. Von den Mosaiken stammt nur das äußerste linke aus der Entstehungszeit (1260/70) und zeigt die damalige Gestalt der Fassade.

Die Nordfassade an der linken Kirchenflanke enthält Fragmente aus den Vorgängerbauten; die im 13. Jh. angebaute **Porta dei Fiori** (Blumenportal) ist ein Meisterstück der Romanik. An der Ecke zur Südfassade diente die **Pietra del Bando,** ein Porphyrsäulenstumpf, zur Verkündung von Gesetzen und Anordnungen. Die Füllung der Bogenfelder im Galeriegeschoss weist reichhaltige orientalische Intarsien auf (13. Jh.). Die massive Wand zum Dogenpalast hin verkleiden farbige Marmorplatten; die Porphyrskulptur der **Tetrarchen** an der Ecke stellt vermutlich die vier Imperatoren des Römischen Reiches zur Zeit Diokletians (Ende 3. Jh.) dar. Vermutlich handelt es sich bei der spätantiken Plastik um ein ägyptisches Beutestück.

Innenraum

Durch das Mittelportal betritt man die Vorhalle (Narthex). Die eingelegten Fußböden sind noch original; die Kuppelmosaiken zeigen Szenen des Alten Testaments.

Der Innenraum besticht durch einen ungewöhnlichen Raumeindruck: Das Wechselspiel von Kuppeln und Bogen suggeriert lebhafte Rhythmik, während die vier gleich langen Kreuzarme diese Architekturwellen wieder einzufangen scheinen; diese Harmonie von Dynamik und Statik unterstreicht der Mosaiküberzug auf Goldgrund – unendlich scheinende 4000 m². Das Bildprogramm der ***Mosaiken** entspricht dem byzantinischen Kanon: Die Darstellung des Heilsgeschehens bleibt den Kuppeln vorbehalten; nach unten folgen Engel und Apostel, die Geschichte des hl. Markus und ausgewählte Heilige.

Im Hauptaltarbereich konzentrieren sich die zahllosen Kunstschätze der Basilika. Der ***Lettner** trennte den Altarbereich vom Kirchenraum. Um das dominierende Kreuz gruppieren sich die Jungfrau Maria, der Evangelist Johannes und die zwölf Apostel. Eine erlesene Arbeit bildet auch das von vier fein skulpierten Säulen getragene ***Altarziborium;** im Altarraum repräsentiert die *****Pala d'Oro** (Eintritt) einen unermesslichen künstlerischen und materiellen Wert: Bestellt in Konstantinopel im 11. Jh., wurde die Bildtafel aus Gold (3,48 x 1,40 m) über fünf Jahrhunderte mit Perlen, Edelsteinen und kostbaren Emailarbeiten verziert.

Die ***Schatzkammer** *(Tesoro)* verfügt über zahlreiche Preziosen, die als Beute oder Staatsgeschenk in den Besitz der Republik gerieten. Kristallgefäße nehmen einen besonderen Rang ein – Kristall galt als Symbol für Unbeflecktheit. In den Seitenkapellen des Hauptraums blieb kein Plätzchen ungenutzt für künstlerische Ausschmückung – jedes Schiff, das nach Venedig heimkehrte, musste etwas für die Markuskirche mitbringen.

Balkon der Basilica di San Marco

Das **Museo Marciano** (Eintritt) mit den Originalen der berühmten vier Bronzepferde (Quadriga) ist auf der Galerie untergebracht, der Aufgang befindet sich am Mittelportal. Von dort gewinnt man den besten Eindruck vom Kirchenraum und dem wunderbar eingelegten Mosaikfußboden. **Erst-! klassig**

**Palazzo Ducale 40

Der eindrucksvolle Dogenpalast neben der Basilica di San Marco war der Regierungssitz des Dogen und Schaltzentrum der venezianischen Macht. Hier wurde Weltgeschichte geschrieben und ein Jahrtausend lang über Schicksale entschieden, hier befanden sich zugleich die Privatgemächer des Dogen, der Sitz der Geheimpolizei und die berüchtigten Gefängnisse.

Info

- Öffnungszeiten des Dogenpalasts: April–Okt. 8.30–19, Nov.–März 8.30 bis 17.30 Uhr. Tipps: Sammelticket (Museum Pass › **S. 139**) für die städtischen Museen; Audioguide (5 €).
- www.palazzoducale.visitmuve.it

Spätgotisches Juwel: die Porta della Carta

Baugeschichte und Äußeres

Die erste Bauetappe der heutigen Anlage begann 1340; von den vier Vorgängerbauten aus Holz ist so gut wie nichts erhalten. Der Flügel zum Hafenbecken hin war 1365 abgeschlossen. Der Innenausbau jedoch dauerte – erst 1419 tagte zum ersten Mal der Große Rat. Fünf Jahre später beschloss man den Bau des zweiten Flügels zur Kirche hin; er wurde 1438 fertig. Offene Arkaden, darüber eine prachtvolle Loggia – das ist die Idee des venezianischen Wohnhauses.

Die gewaltige Baumasse des Palazzo Ducale, unter der die Arkaden zierlich und geradezu zerbrechlich wirken, ist die venezianische Antwort auf das Thema Palastbau. Das Dekorationsmuster – gereihte Spitzbogen, an kleeblattartige Vierpässe im Kreis gehängt – wurde zum immer wieder variierten Modell in der Stadt. Den hohen Maueraufsatz für den Raumbedarf der Regierungsaufgaben gliedern breite spitzbogige Fenster; das feine zweifarbige Rautenmuster aus Marmor lockert die großen Flächen auf. Die kostbare Mittelloge bildet den Blickfang – die gewaltige Baumasse wirkt nicht kolossal, die durchbrochenen Arkadengeschosse, die sie tragen, lassen sie vielmehr schwerelos erscheinen.

Die Baumeister des ersten Flügels sind nicht bekannt; nach ihrem Muster errichteten Vater und Sohn Giovanni und Bartolomeo Bon den zweiten. Sie krönten ihre Arbeit mit einem Meisterwerk der Spätgotik, der ***Porta della Carta,** vollendet 1442, die zugleich das Verbindungsstück zur Basilica di San Marco darstellt: Das von gotischen Dekorationselementen gerahmte Relief zeigt den Dogen Francesco Foscari, der vor dem Markuslöwen kniet. Damit war die letzte Lücke der Gesamtanlage geschlossen und die neue Schauseite des Dogenpalasts konnte sich nach einem Jahrhundert Bauzeit sehen lassen.

Die plastischen Kapitelle der 36 Arkadenbogen verdienen besondere Aufmerksamkeit – bevorzugt bedacht wurden die Palastecken. Die drei Erzengel krönen sie: Raphael verkörpert den Handel, Gabriel den Frieden und Michael den Krieg, die Eckpfeiler venezianischer Politik. Darunter an der Ecke die Planeten und die Erschaffung des Menschen; an der Brücke der betrunkene Noah und seine Söhne als

Warnung vor Unmäßigkeit; zur Kirche hin das Urteil Salomos als Fanal der Weisheit. Ihr Lieblingsattribut, die Gerechtigkeit, ließen die Venezianer von dem Bildhauer Alessandro Vittoria 1577–1579 an der Mittelloge platzieren. Der üppige zinnenartige Zierrat am oberen Abschluss wiederholt sich ebenso auf den Prokuratien als Zitat und umsäumt somit den gesamten Markusplatz.

Innenräume

Nach dem äußeren Abschluss verlagerten sich die Bauaktivitäten nach innen. Als Fortsetzung der Porta della Carta, wo das Volk sich mit Petitionen an die Regierung und den Dogen wenden konnte, wurde der **Arco Foscari**, ein Bogengang mit Kreuzgewölben, zum Hof hin gezogen und unter dem Dogen Christoforo Moro im 15. Jh. vollendet. Mit den Skulpturen von Adam und Eva empfahl sich der Künstler Antonio Rizzo. (Die Marmororiginale wurden in der Dogenwohnung untergebracht, im Hof stehen die Bronzeabgüsse.)

Die dritte Etappe leitete ein Brand ein, der 1483 den Ostflügel am Kanal verwüstete. Antonio Rizzo wurde mit dem Neubau beauftragt, ihm folgten Ende des 15. Jhs. Pietro Lombardo und dann Scarpagnino, die beide Rizzos Pläne ausführten. Die Renaissance hatte Einzug gehalten; die Spitzbogenloggia im ersten Stock zeigt noch die alte Formensprache, in der Geschossgliederung gibt der Rundbogen den Ton an.

Berühmte Künstler

Um 1525 begann die Ausgestaltung des Inneren, die sich die größten Maler der Epoche teilten: So wie ein Jahrhundert lang die Steinmetzen aus der Toskana, der Lombardei und aus Venetien für die Bauplastik der gotischen Flügel gearbeitet hatten, malten Bellini, Vivarini, Car-

Venedig aus der Vogelperspektive

Erst-! klassig

- **Campanile** am Markusplatz › S. 65: Ein berauschender Rundblick, der über Venedigs Häusermeer bis zu den Alpen reicht, bietet sich vom Campanile di San Marco.
- **Torre dell'Orologio** › S. 73: Von der Dachterrasse des Uhrturms am Markusplatz hat man einen grandiosen Blick auf die Stadt, den Markusplatz und das Becken von San Marco. Führungen in verschiedenen Sprachen, Tickets im Museo Correr.
- **Campanile di San Giorgio Maggiore** › S. 129: Hier bietet sich ein herrlicher Blick über die Klosteranlage, die Kreuzgänge und die Lagune sowie ein fantastischer Panoramablick auf Venedig.
- **Hubschrauberflug:** Ein einzigartiges Erlebnis. Man schwebt ganz nah über der Lagunenlandschaft und sieht den »Fisch« Venedig von oben. Je nach Wunsch am Tage oder zum Sonnenuntergang. Treffpunkt Riva degli Schiavoni.

  Heliair Venice
  Via Renato Morandi 9 | Lido
  Tel. 04 15 26 02 15
  49 € pro Pers.

› Karte S. 62

paccio, Tizian, Tintoretto und Veronese für die Innenräume des Palazzo Ducale. Die kostbare Innenausstattung fiel im 16. Jh. zwei Bränden zum Opfer. Veronese und Tintoretto samt ihren Werkstätten waren noch aktiv und wurden mit neuen Aufträgen betraut. Gegen Ende des 17. Jhs. hatte der Dogenpalast seine heutige Gestalt wieder. Am Ende der Republik 1797 und in den Folgejahrzehnten waren schwere Zeiten für das künstlerische Vermächtnis der Serenissima zu überstehen: Nach der Eingliederung Venedigs ins Königreich Italien (1866) übernahm der neue Staat die Restaurierung des Dogenpalasts. 1923 wurde er an die Stadt Venedig zurückgegeben.

Scala d'Oro: die goldene Treppe

Da der Weg durch den Dogenpalast immer wieder verändert wird, ist eine genaue Wegbeschreibung nicht möglich. Für die Besichtigung der zahlreichen Innenräume ist ein AUDIOGUIDE empfehlenswert, der ausführliche Informationen gibt. Der Rundgang beginnt im Innenhof.

*Scala dei Giganti

Auf der obersten Stufe von Antonio Rizzos Gigantentreppe wurden die Dogen gekrönt; Sansovinos Kolossalskulpturen Mars und Neptun gaben ihr den Namen – sie stehen für Venedigs Herrschaft auf dem Meer und auf dem Festland.

Cortile dei Senatori

Das Hofstück links der Scala dei Giganti heißt Cortile dei Senatori; die Baumeister Spavento und Scarpagnino machten den »Hof der Senatoren« 1507 zu einem Paradebeispiel der Renaissancekunst. Wie im venezianischen Haus diente auch im Dogenpalast das Erdgeschoss minderen Zwecken; das Mittelgeschoss barg Versammlungsräume und Dogenwohnung, das obere Repräsentationsräume und Sitzungszimmer.

Spitzbogenloggia

Über eine Treppe im Südosten des Innenhofs gelangt man in die Spitzbogenloggia; von hier genießt man einen schönen Blick auf den Hof. Besondere Beachtung verdient der als Löwenmaul gestaltete Briefkasten. Hier konnte man Zettel einwerfen und damit auf anonyme Weise jemanden denunzieren.

Scala d'Oro

Die »goldene Treppe« führt von der Loggia hinauf zu den Wohnungen und Amtsräumen der Dogen. Bereits beim Anblick der von Jacopo Sansovino entworfenen und von Pietro Guberni ausgeführten, Scala d'Oro mit ihrem stuckverzierten Tonnengewölbe beschleicht einen schon eine Ahnung, wie prachtvoll, gewaltig und eindrucksvoll der Dogenpalast ist.

Zweiter Stock

Ausländische Gesandte, die im Dogenpalast vorsprechen wollten, warteten zunächst in der **Sala del Anticollegio,** einem prachtvollen Raum, der mit Gemälden von Tintoretto und Veroneses »Entführung der Europa« geschmückt ist. In der **Sala del Collegio**, deren Decke und Wände Meisterwerke Tintorettos, Tizians und Veroneses aufs Prachtvollste zieren, wurden die ausländischen Botschafter dann empfangen.

Man gelangt nun in die Räume der Hauptregierungsorgane der Republik, darunter die **Sala del Senato,** Versammlungszimmer und somit älteste Institution des venezianischen Staates. Hier wurde über Krieg und Frieden beratschlagt. Im **Consiglio dei Dieci** (Rat der Zehn) tagte das berüchtigte Sondergericht, welches das Recht besaß, gegen jeden vorzugehen, der die Sicherheit des Staates gefährdete.

Die **Sala della Bussola** versperrte den Durchgang zum gefürchteten Raum der Inquisitoren. In der angrenzenden **Armeria** sind mehr als 2000 Waffen ausgestellt.

Erster Stock

Nun steigt man hinunter in den ersten Stock, wo sich nicht nur die Wohnräume des Dogen befanden, sondern auch der überwältigendste Saal des Palasts: die ****Sala del Maggior Consiglio** (Saal des Großen Rats). Im Sitzungssaal des Parlaments der Patrizier, die im *Libro d'Oro* (Goldenen Buch) eingetragen waren, gab es zeitweise bis zu 1600 Berechtigte. Neun Längsreihen mit Doppelsitzen zogen sich durch den Raum, in dessen Mitte ein Podest für die Redner platziert war. Die Versammlungen fanden sonntags statt, scharf bewacht von bewaffneten Soldaten, die auf der Piazza und am Ponte della Paglia Wache hielten. Staatsakte und öffentliche Feste wurden hier abgehalten und vermutlich auch die Dogen gewählt. Während der österreichischen Besatzung wurde an diesem Ort am 2. April 1849 *resistenza ad ogni costo* (Widerstand um jeden Preis) proklamiert.

Erst-! klassig

Die imposante Decke des Sala del Maggior Consiglio zieren schwere Goldornamente, sie geben die »Rahmen« für die 15 Deckengemälde ab, die 1578 bis 1585 entstanden. Das Mittelbild von Tintoretto zeigt die Königin Venezia im Kreis von Meeresgottheiten, wie sie dem Dogen Nicolò da Ponte (1578–1585) einen Olivenzweig reicht, und der Doge ihr den Senat und die Gaben der unterworfenen Provinzen präsentiert.

Zum Fenster hin sieht man eine Darstellung der »Venezia«, die von der Siegesgöttin gekrönt wird und

› Karte S. 62

Tiefblick auf die Torre dell'Orologio, den Markusplatz und San Marco

die Huldigungen der Bevölkerung empfängt, ein Werk von Palma il Giovane. Das Gegenstück schuf Paolo Veronese: eine »Verherrlichung der Venezia«, die auf den Wolken sitzt und von Göttern des Olymp umgeben ist. Das überwältigendste Bild aber ist Tintorettos »Paradies«, das mit 7 m x 22 m größte Ölgemälde auf Leinwand, an dem der Künstler von 1588 bis 1594 arbeitete. Es schmückte die Wand vor dem Dogenthron.

Erst-! klassig

An den Ratssaal grenzt im Westflügel die imposante ****Sala dello Scrutinio** (»Saal der Abstimmung«), in der der Große Rat seine Stimmen abgab. Die Reihe der Dogenporträts ist hier bis zum Ende der Republik 1797 weitergeführt. Die Deckengemälde verherrlichen ebenso wie die Längswände venezianische Siege. An der Eingangswand hängt das »Jüngste Gericht« von Palma il Giovane, gegenüber wurde 1694 für den Dogen Morosini anlässlich einer siegreichen Schlacht gegen die Türken ein Triumphbogen errichtet.

Prigioni – geheime Wege

Labyrinthisch angelegte Geheimgänge führen durch den dunklen und schauerlichen Teil des Dogenpalasts in die alten Kerker und Folterkammern. Von dort gelangten die Gefangenen über die **Seufzerbrücke** *(Ponte dei Sospiri)* in die **Prigioni Nuove,** das Staatsgefängnis.

Den Verurteilten eröffnete sich auf der Brücke ein letzter Blick in die Freiheit, was ihr – allerdings erst im 19. Jh. – den Namen »Seufzerbrücke« beschert hat. Die Gefangenen – einer der berühmtesten unter ihnen war Casanova › S. 76 – wurden von hier entweder in die *piombi* (Bleikammern) gebracht, wo sie in Zellen unterhalb des Daches der unerträglichen Hitze ausgesetzt waren, oder in die düsteren, nasskalten *pozzi* (Brunnen) im Erdgeschoss (nur im Rahmen einer Führung zu besichtigen).

Colonne di San Marco e San Todaro

Gleich neben dem Dogenpalast erheben sich die »Säulen der Heiligen Markus und Theodor«. Die Riesenmonolithe aus Granit wurden im 12. Jh. aus dem Orient nach Venedig gebracht und stehen seit 1172 als einschüchternde Machtsymbole am Molo. Zwischen den beiden Säulen wurden auch Todesurteile vollstreckt – abergläubische Veneziianer gehen hier deswegen nicht durch.

Der Markuslöwe auf der Säule zum Palast hin ist unbekannter orientalischer Herkunft; er war früher einmal vergoldet.

Die Statue des hl. Theodor auf der anderen Seite hält man für eine römische Arbeit, die Mithridates, König von Pontus, darstellen soll. Theodor war vor dem Raub der Markusreliquien der Stadtpatron Venedigs.

Torre dell'Orologio 41

Richtung Rialto geht es durch den Torbogen der Torre dell'Orologio. Der Uhrturm ist ein volkstümliches Wahrzeichen mit zwei Mohren, die die Stunden schlagen. Mauro Codussi hatte den Turm noch als Abschluss seiner Alten Prokuratien geplant; auf das Jahr 1497 geht auch der Guss der Mohren zurück sowie die seinerzeit als Wunderwerk geltende Uhr, die außer der Zeit auch die Mondphasen und den Lauf der Sonne im Tierkreis anzeigt. Der Löwe vor dem Sternenfeld wurde mit dem Obergeschoss erst 1755 hinzugefügt. Den Uhrturm, von dem aus man ein fantastisches Panorama über Venedig genießt, kann man im Rahmen einer vorher gebuchten 45-minütigen Führung besichtigen (www.torreorologio.visitmuve.it, Anmeldung unter Tel. 0 41 42 73 08 92, 12 €, erm. 7 €).

Erst-! klassig

Tour 6 Im Herzen von San Marco

Tour-Übersicht:

Verlauf: **Piazza San Marco › San Moisè › Gran Teatro La Fenice › Campo Santo Stefano › Campo Sant'Angelo › Campo Manin › Campo San Luca**

Dauer: Reine Gehzeit ca. 3 Std.

Praktische Hinweise:

- Ausgangspunkt: Vaporetto-Station San Marco/Vallaresso
- Die nächste Vaporettostation am Tourende beim Campo San Luca ist Rialto.

Tour-Start: Capitaneria del Porto 42

Hinter der Anlegestelle San Marco/ Vallaresso liegt diese Anlage im lombardischen Stil (Ende 15. Jh.). Unter dem Vorsitz Tiepolos residierte hier 1756–1807 die Accademia di Pittura e di Scultura (Akademie für Malerei und Bildhauerei); jetzt ist sie Sitz der Hafenbehörde.

Zwischenstopp: Restaurant

Eine legendäre Adresse ist Harry's Bar ●●●. Prominente wie Winston Churchill und Ernest Hemingway, Filmgößen wie Lauren Bacall, Frank Sinatra oder Federico Fellini kamen auf einen Drink in die American Bar, die in westlicher Richtung gleich hinter dem Markusplatz liegt und einen völlig unscheinbaren Eingang besitzt. An ihrem Tresen wurde der *Bellini* kreiert, ein Aperitif aus geeistem Pfirsichpüree und Prosecco. Hier

Erst-! klassig

La Fenice: Venedigs legendäres Opernhaus

wurde auch das *carpaccio* erfunden, hauchzart geschnittenes rohes Rindfleisch, das mit Zitronensaft und Olivenöl angemacht wird. Heute befindet sich im 1. Stock über der Bar ein exklusives Restaurant.

- Calle Vallaresso 1323
- Tel. 04 15 28 57 77
- www.harrysbarvenezia.com
- tgl. 10.30–23 Uhr

San Moisè 43

Die Salizzada San Moisè führt zur Kirche gleichen Namens. Sie hat ihre Ursprünge im 8. Jh. und wurde in ihrer heutigen Gestalt 1668 errichtet; die barocke Fassade schmücken Skulpturen des österreichischen Bildhauers Heinrich Meyring – sein venezianischer Name ist Arrigo Marengo. Er schuf auch den dreidimensionalen dramatischen Moses-Hauptaltar im Inneren. Aufmerksamkeit verdienen zudem die »Fußwaschung« von Tintoretto und die Porträtbüsten der Familie Fini. (Mo–Sa 9.30–12.30 Uhr.)

An der Rückseite zweigt die Calle del Ridotto ab. *Ridotto* bedeutete früher »Klub« (Redoute), und in diesem Viertel wurde ab 1768 so sehr der Spielleidenschaft gefrönt, dass die Stadt im Jahr 1774 dem Ganzen ein Ende bereitete. Heute ist in der Gasse der Eingang zu der im spätgotischen Stil erbauten **Ca' Giustinian** (15. Jh.) › **S. 58**.

**Gran Teatro La Fenice 44

Hinter der neu restaurierten Börse führt die Calle delle Veste direkt zum Campo San Fantin mit dem bedeutendsten Opernhaus Venedigs, dessen Besichtigung man sich auf keinen Fall entgehen lassen sollte. Nachdem Venedigs La Fenice 1773 in Flammen aufgegangen war, errichtete man zwischen 1790 und 1792 das Gran Teatro La Fenice, das wie Phönix (ital. *fenice*) aus der Asche erstand. 1836 fiel dieses in ganz Europa berühmte Opernhaus erneut einem Brand zum Opfer, doch noch im selben Jahr wurde es wieder aufgebaut und erhielt einen der schönsten Zuschauerräume jener Zeit. Dann geschah das Unvorstellbare: 1996 schlugen erneut Flammen aus dem Fenice, das Gebäude brannte aus. Ursache war Brandstiftung. Unglücklicherweise führte auch der angrenzende Kanal just zu diesem Zeitpunkt kein Wasser, da er gerade von Schlamm und Schlick gesäubert wurde – Löschflugzeuge mussten im Becken von San Marco Wasser holen. Mit internationaler Hilfe wurde das Opernhaus unter der Leitung von Aldo

Rossi nahezu originalgetreu wiederaufgebaut und 2004 feierlich wiedereröffnet.

Während der ca. einstündigen Audioguide-Tour lernt man die Geschichte des Opernhauses kennen, in dem zahlreiche Uraufführungen stattfanden: den Opernsaal, die Kaiserloge, in der heute wieder Staatsgäste und gekrönte Häupter sitzen und deren vergoldete Spiegel zu beiden Seiten den optischen Eindruck einer Galerie vermitteln, sowie die Apollosäle › **S. 33** (wöchentlich veränderte Öffnungszeiten, fragen Sie an der Kasse, tgl. von 10–17 Uhr).

Santa Maria del Giglio 45

Die Opulenz des Barockbaus von Sardi (1678–1683) leitet sich vom Geltungsbedürfnis der Stifterfamilie Barbaro her, die Pläne ihrer Besitzungen im Sockelgeschoss in Stein verewigen ließ. Die Innenausstattung kann Tintoretto vorweisen: ehemalige Orgelprospekttüren, hinter dem Altar unter der Empore. Die Schatzkapelle birgt das Bild »Madonna con Bambino e San Giovannino«, dessen Mittelpartie von Rubens stammt. (Chorus-Kirche, Mo–Sa 10–17 Uhr.)

Shopping

Il Prato

Eine hervorragende Adresse für Liebhaber von marmoriertem Papier.

- San Marco 2456/9
- Calle delle Ostreghe
- Tel. 04 15 23 11 48
- www.ilpratovenezia.com

Jesurum

Qualitativ hochwertige und mit typischen venezianischen Mustern versehene Kleider, Schals, Tischwäsche und Accessoires.

- San Marco 2401
- Calle Larga XXII. Marzo
- Tel. 04 15 23 89 69

Campo Santo Stefano

Auf dem stimmungsvollen, weitläufigen Campo Santo Stefano fand einst die *caccia al toro* statt, doch nachdem im Jahr 1802 beim Einsturz einer Tribüne mehrere Menschen den Tod gefunden hatten,

SEITENBLICK

»Verurteilung zur Meerfahrt der Galeere«

Machtzentrum Dogenpalast, Handelszentrum Rialto: Der Warenaustausch, der die junge Republik reich und stark machte, basierte auf Lebensmitteln, Rohstoffen und Luxusgütern – und hatte eine grausame Seite. Die Kriminalwissenschaft nennt die Galeerenstrafe den »tausendfachen Tod«; die »Verurteilung zur Meerfahrt der Galeere« war fällig bei schweren Verbrechen wie Mord, Ehebruch, Notzucht, Bigamie, notorischem Diebstahl und Gotteslästerung – und um Unbequeme, Vaganten und Gauner loszuwerden. Privilegierte Stände wie der Adel und die Geistlichkeit kamen allerdings mit der »einfachen« Todesstrafe davon. Das war besser als Rudern. Die Galeeren haben längst ausgedient, aber noch heute bedeutet in der italienischen Umgangssprache *andare in galera* »einsitzen«.

wurde die Stierhatz aufgegeben. Bis heute ist der Platz Veranstaltungsort diverser Festivitäten. An seinem Nordende steht die Kirche ***Santo Stefano** 46 mit einem gotischen Portal aus der Werkstatt Bartolomeo Bons. Der Bau geht aufs 13. Jh. zurück und wurde im 14./15. Jh. im gotischen Stil erneuert. Den dreischiffigen Innenraum hat man mit Schiffsholzdecken eingewölbt. Der schiefe Campanile ist ein Blickfang in diesem Viertel. (Chorus-Kirche, Mo–Sa 10–17 Uhr.)

Zum Palazzo Grassi

Wer von hier Richtung Ponte dell'Accademia geht, erreicht die **Chiesa San Vidal** 47, in der im Sommer Konzerte stattfinden.

In der westlichen Kanalschleife liegt der **Palazzo Grassi** (20 › **S. 57**). Das Paradebeispiel klassizistischer Architektur des 18. Jhs. baute der Stararchitekten Tadao Ando mit Fingerspitzengefühl um. Heute beherbergt er auf 5000 m² die Privatsammlung zeitgenössischer Kunst des französischen Industriellen François Pinault (Ausstellungstermine unter www.palazzograssi.it).

Campo Sant'Angelo

Gotische Fassaden säumen den Platz; in der rechten Häuserfront (Nr. 3584) lebte der Opernkomponist Domenico Cimarosa. Links ragt der schiefe Campanile des früheren Konvents Santo Stefano in den Himmel.

SEITENBLICK

Casanova – auf den Spuren eines großen Verführers

Er war Verführer, Lebemann, Abenteurer, Schriftsteller, Falschspieler, Priester, Geiger und Spitzel in einem: Giacomo Casanova, 1725 als Sohn einer Schauspielerin in Venedig geboren. Während die Frauen dem legendären Verführer zu Füßen lagen, brachten andere dem unsteten und frivolen Lebenskünstler nur Spott und Verachtung entgegen. Zunächst wurde der studierte Jurist, der nie verheiratet war, wohl aber eine nicht genau zu beziffernde, vermutlich aber stolze Zahl an Nachkommen zeugte, auf Geheiß seiner Großmutter Priester. Eskapaden und Skandale folgten. So soll Casanova während einer Predigt in volltrunkenem Zustand von der Kanzel gepurzelt sein. Er gab sein Priesteramt wieder auf und verdiente sein Geld u.a. als Geiger in einem Orchester. 1755 wurde er unter dem Vorwurf der Gotteslästerung in Venedig verhaftet und schmorte in den Prigioni Nuove. Zweimal versuchte er aus den Bleikammern zu fliehen. Der zweite, aufsehenerregende Fluchtversuch gelang. Über diese Flucht aus den Kerkern verfasste Casanova ein Buch, das schon zu seinen Lebzeiten übersetzt und vielfach gelesen wurde. Nach zahlreichen Reisen quer durch Europa, die ihn an den Hof Friedrichs II. und Katharinas II. brachten, kehrte Casanova 1772 nach Venedig zurück und war dort als Theaterdirektor und Geheimagent der venezianischen Staatsinquisition tätig. 1798 starb er auf Schloss Dux in Nordböhmen, wo er als Bibliothekar angestellt gewesen war und u.a. seine Memoiren verfasst hatte.

Palazzo Fortuny 48

Links lohnt ein Abstecher zum Palazzo Fortuny (Museo Pesaro). Außer der gotischen Fassade (15. Jh.) beeindruckt der erhaltene ***Innenhof** mit historischem Treppenaufgang. Der Palazzo war Wohnsitz des aus Spanien stammenden Künstlers, Fotografen und Modedesigners Mariano Fortuny (1871–1950), der mit seinen exzentrischen Entwürfen und Stoffkreationen wie z.B. dem Plisseestoff die Hautevolee beglückte. Die Innenräume des **Museums** spiegeln mit drapierten Stoffen und erlesener Einrichtung den Geschmack des Wahlvenezianers wider, der auch als Maler, Designer, und Architekt europaweit Furore machte. (San Marco 3958, Campo San Beneto, Mi–Mo 10–18 Uhr.)

Campo Manin und San Luca

Die Calle della Mandola mündet auf den **Campo Manin** mit dem mächtigen Denkmal des Daniele Manin, Anführer der Revolution gegen die österreichische Besatzung von 1848 bis 1849). Man überquert den Platz und biegt am Gebäude der Cassa di Risparmio links zum Campo mit der Pfarrkirche **San Luca** 49 ab. Das Hauptaltarbild ist ein weiteres Kunstwerk von Paolo Veronese.

Zwischenstopp: **Restaurant**

rst-! lassig

Berühmt für sein exzellentes Weinsortiment ist das nahe gelegene Al Volto ●●. In diesem Szene-Bàcaro trifft man auf gestylte Erscheinungen aus der Welt von Kunst und Bohème. Zur *ombra* gibt es gute *cicchetti* gleich an der Theke.

Die Scala Contarini del Bovolo

- San Marco 4081
- Calle Cavalli
- Tel. 04 15 22 89 45

Palazzo Contarini del Bovolo 50

Vom Campo Manin zweigt rechts die Calle della Vida o delle Locande ab. Der Palazzo Contarini del Bovolo (Nr. 4299) bewahrt im Innenhof ein gemauertes Wendeltreppenhaus: die zauberhafte ***Scala Contarini del Bovolo** mit eingelegtem Marmor, ein lombardisches Meisterwerk von 1499.

Vom Innenhof nach rechts mündet die Gasse auf die Calle dei Fuseri, die links zum Campo San Luca führt.

Campo San Luca

Ein Steinpfosten mit einer Fahnenstange auf dem Campo San Luca, einem beliebten Treffpunkt der

Venezianer, bezeichnet die historische Mitte von Venedig. Eingemeißelt sind der Markuslöwe, der hl. Lukas (Pfarrei) und in der Mitte das alchemistische Zeichen für Medizin, Siegel einer ehemaligen Bruderschaft in der Pfarrei.

Die Calle San Luca mündet in die Calle dei Fabbri, die kürzeste Verbindung von San Marco und Rialto; sie führt zum **Teatro Goldoni** › **S. 80**, seit dem 19. Jh. eine der bedeutendsten Bühnen Venedigs.

Tour 7 Vom Markusplatz nach Rialto

Tour-Übersicht:

Verlauf: **Merceria dell'Orologio › San Salvatore › Teatro Goldoni › Ponte Rialto › Fondaco dei Tedeschi**

Dauer: Reine Gehzeit ca. 1 Std.

Praktische Hinweise:

- Ausgangspunkt: Vaporetto-Station San Marco/Vallaresso oder San Zaccaria;
- Endpunkt: Vaporetto-Station Rialto.
- Einige Geschäfte haben sonntags geschlossen. Vorsicht vor fliegenden Händlern: Manche Produkte sind billige Imitate.

Tour-Start: Merceria dell'Orologio

Der Durchgang des volkstümlichen Wahrzeichens Torre dell' Orologio › **S. 73** öffnet sich vom Markusplatz auf die belebte Merceria dell'Orologio. Mercerie sind Einkaufsgassen (von *merce*, Waren) und in Venedig entsprechend häufig. Wo heute exklusive Boutiquen ihre Kunden empfangen – darunter Filialen fast aller berühmten italienischen Modemarken –, hatten bereits im Mittelalter die Händler ihre Läden, in denen von Stoffen bis zu Gewürzen alle erdenklichen Waren feilgeboten wurden.

Calle Specchieri

Alternativ kann man den Weg über die parallel verlaufende Calle Specchieri, die ehemalige Straße der Spiegelmacher, fortsetzen. Auch dieser Zweig der Glasherstellung war in Venedig einst ein florierendes Gewerbe. Die enge Gasse beginnt an der Nordseite der Markuskirche.

Zwischenstopp: **Restaurant**

Do Forni ●●●

Erstklassig

Im alteingesessenen Restaurant wähnt man sich im legendären Orient-Express. Es gehört zu den beliebtesten der Stadt und bietet raffiniert interpretierte venezianische Küche.

- San Marco 468
- Calle dei Specchieri
- Tel. 04 15 23 21 48
- www.doforni.it

San Salvatore 51

Die Kirche liegt am gleichnamigen Campo. An dem Bau in der heutigen Gestalt, der zwischen 1507 und 1534 entstand, waren die Baumeister Spavento, Tullio und Pietro Lombardo sowie Sansovino beteiligt. Das Seitenportal zur Merceria

Die Rialtobrücke verbindet die Stadtteile San Marco und San Polo

entstammt dieser Phase; die Fassade wurde von Sardi 1663 erneut umgestaltet.

Der ***Innenraum** ist ein Musterbeispiel der Hochrenaissance. Am Grabmal des Dogen Francesco Venier zwischen dem zweiten und dritten Altar rechts stehen mit »Carità« (Wohltätigkeit) und »Speranza« (Hoffnung) zwei Sansovino-Plastiken; dann folgt Tizians »Annunciazione« (Verkündigung).

Der Hauptaltar, eine venezianische Silberarbeit (1290), die im 15. Jh. umgearbeitet wurde, wird nur vom 3. bis 15. August enthüllt: Ihn schmückt Tizians »Verklärung«. Unter den Grabmälern der Kirche befindet sich auch jenes der 1663 beigesetzten Catarina Cornaro, der Königin von Zypern. (Mo bis Sa 9–12, 16–18, im Winter 9–12, 15–18 Uhr; Eintritt frei.)

Scuola Grande di San Teodoro

Der Bau schräg gegenüber dem Hauptportal von San Salvatore wurde 1579 begonnen und mit der Fassade 1648 abgeschlossen. Interessante Ausstellungen ziehen heute Besucher ins Erdgeschoss der einstigen »Schule« › **S. 45**; im Obergeschoss finden im Sommer Konzerte statt (Infos und Tickets am Eingang).

Teatro Goldoni 52

Über die Calle Teatro dell'Ovo erreicht man eine der ältesten Bühnen der Stadt, benannt nach Carlo Goldoni (1707–1793), dessen berühmte Komödien neben anderen venezianischen Klassikern regelmäßig auf dem Spielplan stehen › **S. 31**.

*Ponte di Rialto 53

Bis vor etwa 150 Jahren stellte die Rialtobrücke den einzigen Übergang über den Canal Grande dar. Hier entfaltete sich das Geschäftszentrum der blühenden Republik. Der Anlegeplatz war internationales Handelszentrum, an das die Ufernamen erinnern: Fondamenta del Vin (Wein), del Carbon (Kohle), del Ferro (Eisen). Fisch, Obst und Gemüse werden heute noch am Rialto umgeschlagen. Der heutigen Steinbrücke von 1591, die sich in einem 48 m hohen Marmorbogen über den Canal Grande spannt, gingen mehrere Holzkonstruktionen voraus.

1513 fiel das gesamte Rialtoviertel einem Brand zum Opfer und musste neu aufgebaut werden. So entstand auch der **Palazzo dei Camerlenghi** 54 (1525–1528), rechts nach der Brücke. Hier wurden die Finanzen verwaltet und im vergitterten Untergeschoss Schuldner eingesperrt – die Kaufmannsmoral blamierte kaufmännische Vergehen vor aller Augen. Die frühe Renaissancearchitektur schuf Jacopo Sansovino 1552–1555. Ursprünglich wurde vom Rialto aus auch regiert, bis Anfang des 9. Jhs. der Umzug nach San Marco erfolgte. Auch im modernen Venedig ist der Rialto Regierungssitz; in der **Ca' Farsetti** befindet sich das Rathaus › **S. 55**. 2001, nach dem G8-Gipfel in Genua, zerstörte ein Bombenanschlag auf den Justizpalast Teile des Renaissancebaus.

Fondaco dei Tedeschi 55

Vom Ponte Sant'Antonio gelangt man zum **Campo San Bartolomeo** mit dem Goldoni-Denkmal von 1881, einem der belebtesten Plätze der Stadt und beliebter Treffpunkt von Venedigs Jeunesse dorée an lauen Abenden.

Ganz in der Nähe ist der **Fondaco (Fontego) dei Tedeschi**, der einstige deutsche Handelshof, dann viele Jahre lang Sitz der Hauptpost. Man hatte den deutschen Kaufleuten in Venedig einen eigenen Handelsplatz zugestanden, und das in exponierter Lage. Die Fassade weist hinaus zum Canal Grande, direkt neben der Rialtobrücke; durch die offenen Arkaden im Erdgeschoss wurden Waren ein- und ausgeladen. 2008 hat Benetton das Gebäude erworben. Nach jahrelangem Tauziehen sollen nun im Laufe des Jahres 2013 die Umbauarbeiten zu einem Megastore beginnen.

Den »Sitz der Deutschen« – seit dem 12. Jh. – zeichnen in dem Renaissancebau (1505–1508) die Arkaden des ***Innenhofs** aus: Trotz seiner vier Bogenreihen übereinander wirkt der Hof graziös, fast verspielt.

In der Pescheria, der neogotischen Fischhalle des Rialtomarktes

San Polo & Santa Croce

Das Beste!

- Das bunte Markttreiben an der Erberia und Pescheria des Rialtomarkts › S. 84
- Im ältesten Restaurant Venedigs einkehren, der Antica Trattoria Poste Vecie › S. 84
- Freilichtkino auf dem Campo San Polo › S. 86
- Ein Besuch der Werkstatt von Gilberto Penzo, dem Experten für Gondelbau (Modelle) › S. 92

› Karte S. 62

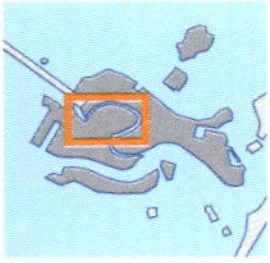

Vom lebhaften Markt an der Rialtobrücke bis ins Gewirr der kleinen Gässchen und Winkel: Die beiden eng miteinander verbundenen Sestieri San Polo und Santa Croce bieten ein buntes Kaleidoskop Venedigs.

In diesen beiden Sestieri, die in der oberen Kanalschleife liegen und eng miteinander verzahnt sind, fällt es wegen der zahlreichen engen, verwinkelten Gassen besonders schwer, sich zu orientieren. Wer sich hier verläuft, sollte sich mit dem Reizvollen trösten, das eine solch ungeplante Tour zu bieten hat: die stillen und pittoresken Winkel, die Stimmung an den lauschigen Plätzen, den winzigen Brücken und kleinen Kanälen, die versteckten Bàcari, in die die Venezianer bereits am Vormittag einkehren …

Laut, hektisch und betriebsam hingegen geht es im Rialtoviertel (von lat. *rivus altus*, oberes Ufer) zu, wo sich bereits im Mittelalter das Markt- und Handelsgeschehen der Stadt konzentrierte. Der Bummel über den farbenprächtigen Obst- und Gemüsemarkt *(erberia)* sowie den angrenzenden Fischmarkt *(pescheria)* in den Morgenstunden gehört zum Pflichtprogramm. Turbulent geht es auch in den angrenzenden Basarstraßen zu. Wer dem Rummel hier entflohen ist, wird mit wunderschönen Plätzen wie dem Campo San Polo oder dem Campo dell'Orio und grandiosen Kirchenbauwerken und Scuole belohnt. Auf keinen Fall versäumen sollte man die Basilica dei Frari und die Scuola Grande di San Rocco.

Tiepolos »Kreuzigung« in der Scuola Grande di San Rocco

Touren in San Polo und Santa Croce

Tour 8 Von der Rialtobrücke zur Kirche San Stae

Tour-Übersicht:

Verlauf: **Rialtobrücke › Mercato di Rialto › Campo San Polo › Ca'Pesaro mit den Museen Galleria d'Arte Moderna und Museo d'Arte Orientale › San Stae**

Dauer: Reine Gehzeit 2–3 Std.

Praktische Hinweise:

- Start ist an der Vaporetto-Station Rialto, Endpunkt an San Stae. Der Fischmarkt findet nur vormittags statt, Mo geschl. Falls Sie sich verlaufen sollten: Hinweisschilder an den Hauswänden leiten nach Rialto, San Marco, zu den Campi und zur nächsten Vaporetto- oder Traghetto-Station. Von dort aus kann man sich neu orientieren.

Tour-Start:

Der Weg führt durch das quirlige Rialtoviertel zum großen Campo San Polo, mit Freilichtbühne im Sommer, zur Kirche San Cassiano und an den Canal Grande, wo sehenswerte Museen locken.

Ruga degli Orefici

Die ***Rialtobrücke** › S. 80 mündet in die Ruga degli Orefici (Oresi), die Straße der Goldschmiede – der Name weist auf den Reichtum in historischer Zeit hin. Noch heute findet man in der Ladenstraße viel Gold, Silber, Perlen und Edelsteine.

rst-! lassig

Die Goldschmiede haben in **San Giacomo di Rialto** 56 noch ihre Patronatskirche. Als einzige Kirche der Stadt besitzt sie eine Säulenvorhalle aus gotischer Zeit. San Giacomo ist eine der ältesten Kirchen Venedigs, wovon eine Inschrift aus dem 12. Jh. an der äußeren Apsismauer zeugt, die die Händler zu Treue und Redlichkeit mahnt. Aus der Ausstattung der Kirche ragt die anonyme »Schmerzensmutter« mit den sieben Schwertern in der Brust hervor, die im linken Seitenschiff zu besichtigen ist. (Tgl. 9.30–17 Uhr.)

Der Kirchenvorplatz, der **Campo di Rialto,** von Arkadenbauten Scarpagninos nach dem Brand 1513 eingefasst, diente der Bekanntgabe von Verordnungen und Gesetzen. Der kniende Mann, der die Stufen des Steintreppchens auf dem Campo di Rialto trägt, wurde als **Gobbo di Rialto** (»Buckliger von Rialto«) eine volkstümliche sarkastische Figur. Auch in der »Republik« Venedig, einer Oligarchie, gab es viele weniger Wohlhabende, die sich angesichts drückender Steuerforderungen in fatalistischem Humor mit dem *gobbo* identifizierten. Il Gobbo war zudem Zielpunkt eines erniedrigenden Laufs, bei dem Straftäter splitternackt vom Markusplatz bis Rialto laufen mussten.

Die Goldschmiedestraße mündet in einen kleinen Platz, wo es rechts zum Markt geht. Nach dem Arka-

Erberia: auf dem Obst- und Gemüsemarkt neben der Rialtobrücke

dendurchgang zum Ufer des Canal Grande erblickt man auf der anderen Seite die veneto-byzantinische Ca' da Mosto › S. 55.

4 *Mercato di Rialto 57

Erst-! klassig

Der Rialtomarkt unweit der Rialtobrücke war einst der bedeutendste und ist heute Venedigs schönster Markt. Fangfrisch aus der Lagune – und tiefgefroren aus Übersee – kommt der Fisch seit 1907 in die **Pescheria,** die neugotische Fischmarkthalle.

Auf der **Erberia** nebenan, dem pittoresken Obst- und Gemüsemarkt, erlebt man zwischen kunstvoll drapierten Artischocken und Zucchini ein ganz ursprüngliches Venedig. An Werktagen wird hier jeden Vormittag (außer Mo) Markt abgehalten. Mittags, kurz vor Ende der Marktzeit, erreicht der Lärmpegel der Marktschreier mitunter ohrenbetäubende Dimensionen.

Zwischenstopp: **Restaurants**

Poste Vecie ●●

Im ältesten Restaurant Venedigs, nahe dem Fischmarkt, werden täglich frisch vom Rialtomarkt Fisch und Gemüse angeliefert. Die traditionellen venezianischen Gerichte genießt man im Sommer im schönen Patio.

- San Polo 1608
- Rialto Pescheria
- Tel. 0 41 72 18 22
- www.postevecie.com
- Di geschl.

Cantina do Mori ●

Schon seit 1462 gibt es das düstere kleine Traditions-Bàcaro unweit des Marktes, und seither hat sich sicher nicht viel verändert. Der Wein ist gut, und das Stockfischmus, mit dem hier kleine Weißbrotscheiben bestrichen werden, gilt als das beste Venedigs.

- San Polo 429
- Calle dei do Mori
- Tel. 04 15 22 54 01

Ruga Vecchia San Giovanni

Weiter geht es in die Ruga Vecchia San Giovanni. Zwischen den Häusern ragt der Campanile der versteckten Kirche **San Giovanni Elemosinario** 58 auf, die schon 1051 erwähnt ist und nach dem Brand von 1513 neu errichtet wurde. Sie birgt Gemälde des Farbvirtuosen Pordenone, eines Rivalen von Tizian, sowie Werke von Tizian und Domenico Tintoretto. (Chorus-Kirche, Mo–Sa 10–17 Uhr.)

Die Ruga Vecchia San Giovanni und ihre Fortsetzung, die Rughetta del Ravano, sind die Ader dieses typischen Einkaufsviertels. Nach links biegt der **Rio Terrà San Silvestro** zur Kirche **San Silvestro** 59 ab. Sie ist ein Beispiel für bedenkenlose Restaurierung im 19. Jh. Die Kirche, die auf das 9. Jh. zurückgeht, birgt ein sehenswertes spätgotisches Flügelaltarbild (14. Jh.) an der linken Seitenwand und die »Taufe Christi« von Jacopo Tintoretto am ersten Seitenaltar rechts.

Die Ladenstraße öffnet sich auf den kleinen Campo San Aponal mit der Kirche **Sant'Apollinare** 60 (venezianisch: Aponal) aus dem 11. Jh., die im 15. Jh. gotisiert wurde.

**Campo San Polo

Nach San Marco ist dies der zweitgrößte Platz Venedigs. Hier fanden einst aufwendige Bälle, Paraden und sogar Stierhatzen statt, während sich die armen Leute auf den Kleidermärkten günstig versorgen konnten. Heute ist der Campo im Winter das Herz des venezianischen Karnevals, im Sommer eine Attraktion mit Freilichtbühnen.

Die ***Chiesa di San Polo** 61 betritt man durch das gotische Kirchenportal am rechten Seitenschiff. Den im 19. Jh. restaurierten Innenraum der Anlage aus dem 9. Jh. überwölbt die hölzerne Schiffsdecke aus den Werkstätten der Seefahrerrepublik. An der Rückwand links vom Eingang hängt mit dem ***Abendmahl** Tintorettos ein epochales Kunstwerk. Der kühne Entwurf bewältigt das schwierige Handtuchformat und schafft durch geniale malerische Komposition eine fesselnde Dynamik.

Die stimmungsvollsten Campi

Erst-! klassig

- **Campo San Polo** › S. 85: Der Platz besticht durch seine herbe Eigentümlichkeit und ist ein schöner Ort, um eine Rast einzulegen.
- **Campo Santi Giovanni e Paolo** › S. 109 (Castello): Die Fassade der ehemaligen Scuola Grande di San Marco und der Dominikanerkirche Santi Giovanni e Paolo macht ihn zu einem der eindrucksvollsten Plätze Venedigs.
- **Campo Santa Margherita** › S. 126 (Dorsoduro): An Sommerabenden ein beliebter Treffpunkt der Studenten, die den Campo bevölkern oder auf ein Glas Wein einkehren.
- **Campo San Barnaba** › S. 126 (Dorsoduro): Mehrere Restaurants, ein Bàcaro, das angestrahlte Kirchenportal – der kleine Campo ist ein hinreißender Platz an lauen Sommerabenden.

Auch die Tiepolos beschenkten San Polo reich. Vom Vater Giovanni Battista Tiepolo stammt das Gemälde, das die »Vision des hl. Johannes Nepomuk« anschaulich darstellt. In der umgebauten ehemaligen Vorhalle findet man die ***14 Kreuzwegstationen** »Via Crucis« seines Sohnes Giovanni Domenico. (Mo–Sa 10–17 Uhr; Chorus-Pass › **S. 139**.)

Wieder auf dem Campo, lohnt ein Blick zurück zum Campanile, der im mittelalterlich verschachtelten Stadtbild eine Orientierungshilfe darstellt.

Erst-! klassig

Campiello Albrizzi 62

Die Calle de la Furatola führt über die gleichnamige Brücke, die ein idyllisches Panorama bietet. Die erste Abzweigung, die Calle Stretta, mündet in den kleinen **Campiello Albrizzi** mit dem gleichnamigen, nach wie vor im Familienbesitz befindliche Palast – ein typisches Beispiel für ein venezianisches Patrizierhaus des 17. Jahrhunderts.

Über die Calle Albrizzi geht es dann schräg rechts in den Durchgang Carampane, der in die breite **Calle dei Botteri** übergeht, eine Ladenstraße, die sich bis zum Canal Grande zieht.

Kirche San Cassiano 63

Auf halbem Weg gelangt man links zur Kirche San Cassiano (Cassan). Sie gehört zu den im Schnellverfahren hochgezogenen Kirchen Venedigs. Im Überfluss der Ausstattung gehen die Altarraumgemälde von Jacopo Tintoretto fast unter. Die gespenstisch mit einem Lanzenwald im Hintergrund dargestellte ***Kreuzigungsszene** an der linken Wand des Altarraums spricht durch ihre Komposition. Gegenüber steht der Erlöser in der Vorhölle. Der erste Altar im rechten Seitenschiff der Kirche umrahmt ein heiter-gelöstes spätmittelalterliches Gemälde: Dargestellt ist Johannes der Täufer im Kreise der Heiligen Peter, Paul, Markus und Hieronymus.

Palazzo Mocenigo 64

Allein sieben Dogen entstammten der Familie Mocenigo, die im 16. Jh. den Palazzo in der Nähe des Canal Grande erbaute. Heute ist hier ein bemerkenswertes Museum untergebracht, in dem man sich mit der

Erst-! klassig

SEITENBLICK

Zerstreuung für das Volk

Die Feste der Republik waren zahlreich und vielfältig, und die großen Campi boten ein ideales Ambiente für Veranstaltungen aller Art. Die Stadtarchive sind voll von Beschreibungen. Auf Venedigs zweitgrößtem Platz, dem Campo San Polo, fanden Stier- und Bärenhatz als Volksbelustigung statt. Ballspiele mit einem bespannten Schläger sind vom Campo Santo Stefano überliefert. Im Sommer verwandelt sich der Campo San Polo in eine Freiluftarena. Hier werden jedes Jahr im Sommer Vorführungen des Internationalen Filmfestivals auf Großleinwand veranstaltet.

Erst-! klassig

typischen Lebensweise vornehmer venezianischer Familien auseinandersetzen und die aufwendig gearbeiteten historischen Kostüme bewundern kann. (Santa Croce 1992, Di–So 10–17, im Winter bis 16 Uhr, www.mocenigo.visitmuve.it)

*Ca' Pesaro 65

Schilder weisen zur **Galleria d'Arte Moderna** und zum **Museo d'Arte Orientale,** das Sammlungen von Kunstgegenständen aus dem Fernen Osten zeigt. Baldassare Longhena (1598–1682), führender Architekt des 17. Jhs. in Venedig, schuf den imposanten Palazzo Pesaro, in dem beide Museen untergebracht sind, nach dem Vorbild der Biblioteca Marciana. Die Galleria d'Arte Moderna sammelt seit 1902 moderne Kunst mit einem Akzent auf Venedig. Das Museum besitzt zudem die größte Sammlung Italiens an moderner Kunst aus dem Ausland, mit Werken u.a. von Utrillo, Rodin, Chagall, Kandinsky, Klee oder Picasso. (April–Nov. Di–So 10 bis 18, Nov.–März 10–17 Uhr, www.capesaro.visitmuve.it)

San Stae 66

Der Eindruck formalen Reichtums, den die zum Canal Grande weisende Fassade vermittelt, kann nicht darüber hinwegtäuschen, dass im Baujahr 1709 bereits klassizistisch an Renaissancemodelle angeknüpft wurde. Die Eustachius geweihte Kirche, die Werke von Tiepolo besitzt, dient heute u.a. als Konzerthalle. (Mo–Sa 10–17 Uhr; Chorus-Pass › **S. 139**.)

Tour 9 Von San Stae zur Ca' Rezzonico

Tour-Übersicht:

Verlauf: **Fondaco dei Turchi › San Giacomo dall'Orio › Scuola Grande di San Giovanni Evangelista › Santa Maria Gloriosa dei Frari › Scuola Grande di San Rocco › San Tomà › Casa Goldoni › Ca' Rezzonico**

Dauer: Gehzeit 2–3 Std.

Praktische Hinweise:

Der Rundgang beginnt am Vaporetto-Anleger San Stae und endet an Ca' Rezzonico. Besonders geeignet für alle, die sich für Kirchen interessieren. Achtung: Manche Kirchen sind sonntags geschlossen.

Tour-Start:

Der Weg führt über den verträumten Campo San Giacomo dall'Orio zur Frari-Kirche, weiter zur Scuola Grande di San Rocco mit den Tintoretto-Wundern, zur Ca' Foscari und in das Uni-Viertel bis zur Ca' Rezzonico.

*Fondaco dei Turchi

Der Bau (6 › **S. 54**) geht aufs 13. Jh. zurück und beherbergte zunächst die Herzöge von Ferrara, deren Prunkentfaltung sprichwörtlich war – die Republik »lieh« sich den Palast für Staatsakte. Ab 1641 von türkischen Händlern als Warenlager genutzt, beherbergt er heute das **Museo di Storia Naturale** (Museum für Naturgeschichte) mit interessanten

› Karte S. 62

Funden aus der Lagune, einem Aquarium sowie mit Fossilien und Exponaten der regionalen Fauna und Flora (Juni–Okt. Di–So 10–18, Nov.–Mai Di–Fr 9–17, Sa/So 10 bis 18 Uhr). Der Ziegelbau (15. Jh.) daneben mit dem Markuslöwen an der Wand enthielt die Kornspeicher.

**San Giacomo dall'Orio

Vorbei an der kleinen Kirche **Zan Degolà** 67 gelangt man zum baumumstandenen ***Campo San Giacomo dall'Orio.** Der Platz wird dominiert von **San Giacomo dall'Orio** 68, eine Gruppe aus Kirche und Häusern, die ins 9. Jh. zurückreicht und an der in vielen Epochen gebaut wurde; dennoch umweht ein archaischer Hauch den Komplex. Zum Haupteingang muss man um den gewaltigen Campanile (12./13. Jh.) mit ungewöhnlichen Arkaden im Glockenstock herumgehen.

Wenn man sich unter die Vierung des Kirchenraums stellt und den Verlauf der ***Holzdecken** aus dem 14. Jh. verfolgt, wird die kreuzförmige Anlage deutlicher. Im rechten Querschiff verdient eine dunkelgrüne ionische Säule aus der Antike Aufmerksamkeit. In der Vierung kann eine als frei stehender »Kelch« gestaltete ***Kanzel** bewundert werden, die in der Eleganz ihrer farbigen Marmorintarsien eine Renaissancerarität darstellt. Der Altarraum entspricht nur formal der ursprünglichen Anlage. Die Gestaltung stammt aus dem 16. Jh. Das imposante Kruzifix (Anfang 14. Jh.) kam erst 1960 hierher. Links vom Ausgang im rechten Querarm geht es in die ***Sagrestia Nuova** (Neue Sakristei), deren Decke Paolo Veronese nach 1570 mit Fresken geschmückt hat.

Kehrt man in den Hauptraum zurück, folgt der 1604 fertiggestellte Anbau der **Cappella del Sacramento** (Sakramentskapelle). Ebenfalls angebaut in den Jahren 1621 bis 1624 wurde die Kapelle links vom Altarraum, die der Schmerzensmutter geweiht ist. Die durch strenge Linienführung beeindruckende Verkündigungsmadonna (14. Jh.) hat man erst 1972 aufgestellt. Das Kircheninnere birgt einen immensen Schatz an Kunstwerken aus verschiedenen Jahrhunderten. (Chorus-Kirche, Mo–Sa 10–17 Uhr.)

Zwischenstopp: **Restaurant**

Ae Oche ●

Nur wenige Schritte vom Campo di San Giacomo dall'Orio entfernt, bietet die beliebte Pizzeria eine gute Auswahl zu adäquaten Preisen.

- Calle del Tentor
- Tel. 04 15 24 11 61

Zur *Scuola Grande di San Giovanni Evangelista 69

In der Mitte der Häuserfront gegenüber der Kirche verlässt die Calle del Tentor den Platz. Kurz vor dem Ponte del Parruchetta lohnt sich der Abstecher nach links für einen Blick auf den **Campo San Boldo:** Ein abgebrochener Campanile ist in ein Wohnhaus integriert. Nach der Brücke führt der Rio Terrà Primo rechts zur Calle della Chiesa, die nach rechts über eine Brücke in die

Eingang der Scuola Grande di San Giovanni Evangelista

Calle di Ca' Donà übergeht; sie mündet in den **Campo Santo Stin.**

Mit ein paar Schritten ist die **Scuola Grande di San Giovanni Evangelista** erreicht. Die Schule › **S. 45**, die auf das Jahr 1261 zurückgeht, birgt Meisterwerke von Tiepolo und Tintoretto – darunter ein Selbstbildnis des Künstlers. Leider ist sie nur im Rahmen von Veranstaltungen zu besichtigen. Den Vorhof machte Pietro Lombardo 1481 zu einem Schatzkästlein aus Marmor: Korinthische Halbsäulen und fein ziselierte Dekorationen am Fries gliedern den Hof, dessen Zentrum das Portal mit dem Adler des Evangelisten Johannes bildet. Im Sommer ist dies ein beliebter Ort für Künstler, die hier mit ihren Staffeleien sitzen und die eindrucksvolle Fassade auf Papier bannen.

Die Calle del Caffetier und del Magazzen führen zum Rio Terrà San Tomà, der Rückseite des Staatsarchivs. Über zwei Brücken gelangt man zum **Campo dei Frari.**

**Santa Maria Gloriosa dei Frari 70

Die Kirche ist eines der wenigen gotischen Gotteshäuser › **S. 42** in Venedig. Der Bettelorden der Franziskaner kam 1222 nach Venedig, erhielt 1250 das Gelände und baute von 1340 an etwa ein Jahrhundert lang an der heutigen Kirche, deren Hauptaltar 1469 geweiht wurde. Fassade und bauliche Gestaltung des Innenraums entsprechen den Regeln des Bettelordens, der eine schlichte Funktionalität anstrebte: Ziegelsteine statt Marmor und Gold. Als Grabstätte bedeutender Familien wie der des Dogen Pesaro sammelte die Frari-Kirche jedoch im Lauf der Zeit auch Kunstwerke an, die weniger geglückt ausfielen.

Untrennbar mit der Frari-Kirche ist der Name des Malers Tizian verbunden, der etwa von 1488 bis 1576 lebte und hier seine letzte Ruhestätte fand. Ein antiker Tempel samt Markuslöwen ziert Tizians Grab. Seine ***Assunta** (Mariä Himmel-

Tizians »Assunta« in S. M. Gloriosa dei Frari

fahrt), die er als etwa 30-Jähriger schuf, gehört zu den epochalen Werken der Malerei. Sie hängt im Hauptaltarraum und ist der Blickfang der Kirche. Die ***Marmor-Chorschranken** stammen aus dem 15. Jh., wurden von Bartolomeo Bon spätgotisch begonnen und von Pietro Lombardo im Stil der Frührenaissance vollendet. Sie bilden die Umrahmung des ***Chorgestühls,** dessen reiche Schnitzereien einen Blick verdienen. Ein weiteres Glanzstück findet man in der Sakristei, die man vom rechten Seitenarm aus erreicht: In ihrer Altarnische, der **Cappella Pesaro,** hängt ein Meisterwerk der Frührenaissance. Derart unschuldige und liebliche Madonnengesichter malte nur einer: Giovanni Bellini (1430–1516). Er war der Meister der Malerfamilie, die zusammen mit den Vivarini die venezianische Frührenaissance prägte. Die ****Madonna mit Kind und musizierenden Putten** in der Frari-Sakristei besticht vor allem durch ihre raffinierte Komposition.

Die Kirche bildet nur einen Teil der Anlage; in den angeschlossenen zwei Kreuzgängen ist das **Archivio di Stato** (Staatsarchiv) untergebracht, wo die Dokumente der Republik bis zu ihrem Erlöschen 1797 lagern. Der imposante Campanile (nur der von San Marco ist höher) wurde 1396 vollendet. (Chorus-Kirche, Mo–Sa 9–18, So 13–18 Uhr.)

**Scuola Grande di San Rocco 71

5

Die reich gegliederte Fassade der Scuola Grande di San Rocco spiegelt das Repräsentationsbedürfnis der Bruderschaft des hl. Rochus wider, die durch den Kult um den Pestheiligen in der ständig von Seuchengefahr bedrohten Stadt Venedig großes Ansehen erlangt hatte. Bartolomeo Bon (gest. 1529) aus Bergamo begann den Bau 1515; Scarpagnino setzte ihn ab 1527 fort.

Der Ruhm der Scuola beruht jedoch auf der prachtvollen Innenausstattung von Jacopo Tintoretto (1518–1594). Über 20 Jahre arbeitete der produktive Künstler an dem großartigen Bilderzyklus, der sein viel bewundertes Hauptwerk werden sollte. Mehr als 30 Leinwände stellen Szenen aus dem Marienleben, der Passionsgeschichte und dem Alten Testament dar – geschildert in einem düsteren Grundton und einer dramatischen Bewegtheit, in der sich die Wirren der damaligen Zeit spiegeln. Wer sich Tintorettos Deckengemälde vor Augen holen möchte, kann einen der in der Scuola bereitliegenden Spiegel nehmen.

st-! assig

Im **Untergeschoss,** dem traditionellen Empfangsraum der Schulen › **S. 45**, malte Tintoretto Szenen aus dem Neuen Testament (von links): Mariä Verkündigung, Anbetung der Hl. Drei Könige, Flucht nach Ägypten, Kindermord von Bethlehem, Maria Magdalena, Ägyptische Maria, Beschneidung, Mariä Himmelfahrt.

Das **Treppenhaus** (1544/46) von Scarpagnino, reich mit Gemälden versehen, die auf die Pestepidemien 1576 und 1630 anspielen, führt in den ****Hauptsaal.** Der überwältigende Eindruck beruht auf der gegenläufigen Fußboden- und Deckengliederung: In der **Sala d'Albergo** widmete Tintoretto die Wandbilder der Passionsgeschichte, die Decke der Verherrlichung des hl. Rochus.

Die Kirche **San Rocco** vis-à-vis, die mehrere großformatige Gemälde Tintorettos birgt, wurde Ende des 15. Jhs. erbaut, um die neu erworbenen Gebeine des hl. Rochus aufzunehmen. Die Rochus-Bruderschaft existiert heute noch. Und so

SEITENBLICK

Bàcaro – die Osteria als Lebensform

Ab 11 Uhr vormittags füllen sich die Lokale. Handwerker legen ein Päuschen ein, Studenten und Künstler beginnen den Tag, die Signora erholt sich vom Einkauf, und die alten Herren treffen sich auf einen Plausch. Dazu braucht man eine kräftige Grundlage, und die besteht in Venedig aus einer *ombra* (ital.: Schatten), einem Gläschen Wein, und einigen *cicchetti,* ein paar Häppchen. 50 000 *ombre* werden in der Lagunenstadt täglich getrunken – eine Zahl, die anschaulich vor Augen führt, dass es sich bei dem Treffen in der Osteria nicht um eine extravagante kleine Schlemmerei handelt, sondern um ein Ritual, das man gleich mehrmals am Tag wiederholt. Die *ombra* unterbricht den venezianischen Alltag immer wieder für ein paar köstliche Minuten, die man im Bàcaro verbringt, in Weinschenken, die schon mit ihrem Namen dem Weingott Bacchus huldigen. Das mag ein wenig irreführen, denn schließlich finden hier keine ausschweifenden Bacchanale statt, vielmehr gibt man sich äußerst diszipliniert. Man trinkt gerade mal 0,1 l Wein, denn mehr ist eine *ombra* nicht, und isst dazu eine Kleinigkeit.

Der Ausdruck *andar per ombra* stammt noch aus dem Mittelalter, als fliegende Händler den Wein verkauften und sich im Schatten des Kirchturms auf dem Markusplatz hielten, wo der Wein kühl blieb. Gewissermaßen geht man auch heute noch »in den Schatten«, wenn man einen traditionellen Bàcaro aufsucht, denn anders als die touristischen Lokale liegen die Weinschenken der Venezianer nicht an den belebten Trampelpfaden zwischen Piazzale Roma und Piazza San Marco.

In der barocken Ca' Rezzonico

wird, wie zur Zeit der Dogen, jedes Jahr am 16. August der Rochustag gefeiert – jedoch nicht mehr mit einem Festbankett, sondern mit dem **San-Rocco-Festival,** bei dem Barockmusik den Ton angibt.

Info

- Scuola und Kirche tgl. 9.30–17.30 Uhr geöffnet, Ticket-Schalterschluss 17 Uhr
- Eintritt 10 €, erm. 8 €, inkl. Audioguide
- www.scuolagrandesanrocco.it

Scuola dei Calegheri und San Tomà

Auf der Höhe des Campanile der Frari-Kirche führt die Calle Larga Prima zur Rückseite der **Scuola dei Calegheri (Calzolai)** 72 mit einer schlicht-zurückhaltenden Fassade aus dem 15. Jh. Man muss diese »Schule der Schuster« umrunden, um auf den Campo San Tomà zu gelangen.

Die klassizistische Kirche **San Tomà** 73 (1742) rundet das Bild ab. An ihrer linken Flanke entlang kommt man über die Brücke San Tomà zur Casa Goldoni.

Casa Goldoni 74

In dem gotischen Haus wurde 1707 der venezianische Komödiendichter Carlo Goldoni geboren. Es ist teils Institut, teils Museum, das mitels multimedialer Technik über Leben und Werk des größten venezianischen Bühnenautors informiert (tgl. 10–17, Winter 10–16 Uhr).

100 m weiter nördlich, in der Calle Seconda dei Saoneri, fertigt und verkauft Gilberto Penzo entzückende Modelle von Gondeln und Schiffen der Serenissima › **S. 29**.

Erst-klass

*Ca' Foscari und *Ca' Rezzonico

Über den Rio della Frescada und den Rio Foscari gelangt man zum Innenhof der **Ca' Foscari** (18 › **S. 56**), einem spätgotischen Palast und Sitz der Universität.

Die Straße öffnet sich dann auf einen pittoresken Platz, von dem die Calle Capeler abgeht, kommt dann am Rio di San Barnaba heraus und folgt links dem Ufer zur **Ca' Rezzonico** (19 › **S. 56**). In dem Barockbau von Longhena ist das **Museo del Settecento Veneziano** (Museum des 18. Jhs.) untergebracht. Der Palast präsentiert das vornehme venezianische Leben dieser Zeit: Stuck, Marmor, Teppiche, Keramiken, erlesenes Mobiliar, wertvolle Fresken. Dazu eine Galerie mit Werken der Genremaler Longhi und Guardi, eine alte Apotheke und ein kleines Theater. (Tgl. 10–18, Nov.–März 10–17 Uhr.)

Den Dogenpalast als Vorbild: die Fassade der Ca' d'Oro am Canal Grande

Cannaregio

Das Beste!

- Bummel entlang der stillen Fondamenta della Misericordia › S. 99
- Führung durch das jüdische Ghetto › S. 99
- Abendessen im Paradiso Perduto, dem »Verlorenen Paradies« › S. 101
- Das malerische Bild der Gondeln vor Santa Maria dei Miracoli auf sich wirken lassen › S. 102

› Karte S. 96

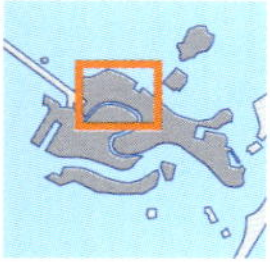

Das stille, malerische Viertel mit einigen volkstümlichen Plätzen, abendlichen Treffs der Venezianer, birgt auch das ehemalige jüdische Ghetto. Die Ca' d'Oro am Canal Grande ist ein Architekturjuwel.

Das Schilfrohr *(canna)*, das am Rand der Lagune wuchs, gab diesem Stadtteil, der sich zur Lagune hin öffnet, seinen Namen. In Cannaregio hatten zahlreiche Händler ihren Wohnsitz, hier wurden an den breiten Kanälen Gewürze, Stoffe, Kaffeebohnen und viele andere Waren umgeschlagen, die zuvor auf dem Seeweg in die Stadt gelangt waren. Die Bindung an Byzanz begünstigte den Fernhandel; Venedig bot Fisch und Salz, importierte dafür begehrte Konsumgüter wie Gewürze und feine Stoffe.

Heute präsentiert sich das malerische, nördlich des Canal Grande gelegene Sestiere als äußerst facettenreich. Ruhige, bescheidene Wohnviertel kontrastieren mit wunderschönen Palazzi am Canal Grande; ungewöhnlich breite Kanäle und nahezu schnurgerade Fondamente sorgen für gute Orientierung und entspanntes Bummeln. Hektische Betriebsamkeit herrschen dagegen im Bahnhofsviertel und auf der lebhaften Einkaufsmeile Strada Nova, der einzigen wirklichen Straße Venedigs. Mit der Madonna dell'Orto und der Santa Maria dei Miracoli besitzt Cannaregio zwei der sehenswertesten Kirchenbauwerke der Stadt. Auf keinen Fall versäumen sollte man den Besuch des ehemaligen jüdischen Ghettos.

Die Marmorfassade von Santa Maria degli Scalzi

Touren in Cannaregio

Tour 10 Von Santa Lucia zum Ghetto

Tour-Übersicht:

Verlauf: **Bahnhof Santa Lucia › Chiesa degli Scalzi › Campo San Geremia › Ghetto**

Dauer: 3 Std. inkl. Führung durch das Ghetto

Praktische Hinweise:

- Ausgangspunkt ist die Vaporetto-Station Ferrovia.
- Der nächste Vaporetto-Anleger vom Ghetto aus ist Ponte delle Guglie.

Tour-Start: Santa Maria degli Scalzi 1

Auf der Bahnhofsseite erhebt sich kurz vor der Scalzi-Brücke die Fassade der auch unter *Santa Maria di Nazareth* bekannten Kirche mit wuchtigen Säulenpaaren in zwei Geschossen und üppigem Figurenschmuck. Das im Ersten Weltkrieg fast vollständig zerstörte Gotteshaus birgt das Grab von Ludovico Manin, des letzten Dogen von Venedig. Giuseppe Sardi entwarf die Kirche (Bauzeit 1654–1705), den Innenraum gestaltete Baldassare Longhena. Im Krieg wurde auch die von Tiepolo ausgemalte Decke zerstört (Entwurf in der Accademia). Die üppige Ausstattung enthält in der zweiten Kapelle rechts sowie in der ersten Kapelle links noch Fresken von Tiepolo. (Tgl. 7–11.50, 16 bis 18.50 Uhr.)

Die Brücke Ponte degli Scalzi über den Canal Grande gibt es erst seit 1858, als Venedig an das Eisenbahnnetz angeschlossen wurde. 1934 ersetzte man die ursprüngliche Eisenkonstruktion durch die heutige Steinbrücke.

Campo San Geremia 2

Gegenüber der Anlegestelle Riva di Biasio steht die Kirche **San Geremia** mit den Reliquien der Märtyrerin Lucia aus Syrakus. Da die Kirche an der Mündung des Cannaregio-Kanals in den Canal Grande liegt, erhielt sie auf beiden Seiten eine Fassade.

Gleich daneben präsentiert sich der pompöse ***Palazzo Labia** 3 in monumentalem Klassizismus. Sein Standortnachteil: Der Palast liegt nicht repräsentativ am Canal Grande. Dafür beschäftigte die Familie Labia den berühmtesten Maler der Zeit um 1750: Tiepolo. Die Meisterfresken im Palast stammen aus seiner Reifezeit, im *Salone stellte er Szenen von Kleopatra sowie Allegorien dar.

Ponte delle Guglie

Vier Obelisken schmücken die 1580 erbaute und häufig fotografierte Brücke mit ihren fratzenhaften Gesichtern am Ende der lebhaften Einkaufsstraße. Wer sie überquert, gelangt rasch zum ehemaligen jüdischen Ghetto.

*Ponte Tre Archi

Alternativ kann man am linken Ufer zur Kirche **San Giobbe** 4 spazieren, die ein um 1470 von Pietro Lombardo geschaffenes Portal besitzt (Chorus-Kirche, Mo–Sa 10 bis 13.30 Uhr). Dann überquert man auf der dreibogige Brücke **Ponte Tre Archi** den Canale di Cannaregio und geht auf der anderen Uferseite zurück. Wegweiser kennzeichnen den Durchgang ins Ghetto.

Touren in Cannaregio

Tour 10

Vom Bahnhof Santa Lucia zum Ghetto

1 Santa Maria degli Scalzi
2 Campo San Geremia
3 Palazzo Labia
4 San Giobbe
5 Jüdisches Ghetto

Tour 11

Von Sant' Alvise zur Rialtobrücke

6 Kirche Sant' Alvise
7 Madonna dell'Orto
8 Campo dei Mori
9 Tintoretto-Haus
10 Campo della Maddalena
11 Ca' d'Oro
12 Santi Apostoli
13 Santa Maria Assunta dei Gesuiti
14 Santa Maria dei Miracoli
15 San Giovanni Crisostomo

Jüdisches Ghetto 5

1516 wies die Republik den angesehenen und im Wirtschaftsleben unentbehrlichen Juden den Bezirk der ehemaligen Eisengießerei zu, der seine Bezeichnung *gheto* (venezianisch: »Gießerei«) behielt. Von hier aus breitete sich die Bezeichnung Ghetto für den Zwangswohnbezirk von Juden in ganz Europa aus. Auf knappem Raum entstanden Synagogen, Schulen und achtstöckige

› Karte S. 96

Im Ghetto Nuovo

Wohnhäuser; die Enge, in der die damals zunächst rund 700 Juden lebten, spürt man noch heute.

Geschichte

Auch die venezianischen Juden wurden im Mittelalter diskriminiert. Der Handel zur See war ihnen untersagt, ebenso wie der Erwerb von Grundbesitz. Nach dem verlorenen Krieg Venedigs gegen die »Liga von Cambrai« gab man den Juden, die Venedig mit Kriegskrediten unterstützt hatten, die Schuld, es kam zu ersten Pogromen. Einem Senatsbeschluss vom 29. März 1516 folgend, wurden alle Juden in ein isoliertes Stadtgebiet umgesiedelt, das nur zwei streng bewachte Zugänge besaß. Erst Napoleon öffnete das Ghetto, in dem mittlerweile rund 5000 Menschen lebten. Eine kurze Phase der Freiheit folgte. 1944 deportierten die Nazis rund 200 Juden in die Vernichtungslager.

Heute leben noch etwa 500 Juden in Venedig, darunter auch einige Orthodoxe, die im ehemaligen *Ghetto Ebraico* Restaurants und Geschäfte betreiben.

Ghetto Vecchio

Durch das ehemalige **Ghettotor** betritt man das Alte Ghetto, wo früher drei der insgesamt fünf Synagogen Venedigs standen. In die Wohnbebauung integriert, sind sie von außen kaum als Gotteshäuser zu erkennen.

Am Campiello delle Scuola befinden sich zwei Synagogen, die im Rahmen von Führungen besichtigt werden können: die **Scuola Spagnola** und die **Scuola Luzzatta.** Genutzt wurden sie von sephardischen Juden. Die **Scuola Levantina** besitzt eine reich geschnitzte Kanzel, ein Werk Andrea Brustolons. Ihre gedrehten Säulen sollen an den Tempel Salomons erinnern.

Ghetto Nuovo

Über den Ponte di Ghetto Vecchio erreicht man das von Polizei streng bewachte Neue Ghetto mit seinem fast kreisrunden Campo di Ghetto Nuovo. Hier steht das erschütternde **Holocaust-Mahnmal** »Der Abtransport« des litauischen Bildhauers Arbit Blatas (1908–1999). Linker Hand erinnert eine Gedenkstätte an die Deportation der 200 Juden im Jahr 1944. Vorbei an der **Scuola Italiana,** die man im Rahmen einer Führung besichtigen kann, und der **Scuola del Canton,** der Synagoge der askenasischen Juden, gelangt man zur **Scuola Grande Tedesca,** einem der ältesten erhaltenen jüdischen Gotteshäuser. Ursprünglich von deutschstämmigen Juden erbaut, erfuhr sie im 18. Jh. eine erhebliche Umgestaltung.

Hier befindet sich auch das winzige **Museo Ebraico,** das Jüdische Museum. In zwei Räumen ist die Geschichte der venezianischen Juden dokumentiert; ausgestellt sind wertvolle Kultgegenstände. (Tgl. außer Sa und an jüdischen Feiertagen 10–19, im Winter bis 16 Uhr.)

Erst-klassig

Von hier beginnen auch 40-minütige Führungen (stdl., auch in Englisch) in die äußerlich unscheinbaren, im Inneren jedoch prächtigen Synagogen und durch das Ghetto.

Zwischenstopp: Restaurants

Koschere Küche gibt es u.a. im **Gam Gam** am Ghettotor. Auf dem Campo di Ghetto Nuovo bietet das **Locanda del Ghetto** jüdische Gerichte an, und in den kleinen Bäckereien findet man traditionelle Süßwaren.

Tour 11 Von Sant' Alvise zur Rialtobrücke

Tour-Übersicht:

Verlauf: **Sant' Alvise › Madonna dell'Orto › Ca' d'Oro › Santa Maria dei Miracoli › San Giovanni Crisostomo › Rialtobrücke**

Dauer: Reine Gehzeit 2–3 Std.

Praktische Hinweise:

- Ausgangspunkt ist die Vaporetto-Station Sant' Alvise, der Endpunkt Rialto.
- Wer nach Murano, San Michele oder Burano fahren möchte, kann die Tour unterbrechen und von den Fondamenta Nuove übersetzen › **S. 131, 134.**

Tour-Start:

Dieser Weg führt überwiegend durch das stille Cannaregio. Vor allem der Bummel entlang der Fondamenta della Misericordia, vorbei an kleinen Geschäften und winzigen Bàcari, bietet einen guten Einblick in das Alltagsleben der Venezianer.

Kirche Sant' Alvise 6

Gleich mehrere Werke von Tiepolo kann man in der Chiesa di Sant' Alvise bewundern: die »Geißelung« sowie die »Dornenkrönung« und »Christus auf dem Weg zum Kalvarienberg«. Die Kirche ist im 14. Jh. erbaut und nach dem Bischof Ludwig von Toulouse benannt worden. (Chorus-Kirche, Mo–Sa 10 bis 17 Uhr.)

› Karte S. 96

Einer der Mauren am Tintoretto-Haus

*Madonna dell'Orto 7

Sie wird auch Tintoretto-Kirche genannt, denn der berühmte Maler Jacopo Tintoretto (1518–1594), der hier ganz in der Nähe lebte und in der Kirche seine letzte Ruhestätte fand, schenkte ihr einige seiner beeindruckendsten Werke. Ihren offiziellen Namen verdankt die Kirche einem in einem *orto* (Garten) gefundenen Marienbild.

Die **Backsteinfassade** aus dem Jahr 1462 ist ein Musterbeispiel der venezianischen Spätgotik. Im Mittelteil kündigen sich schon die Rundungen der Renaissance an.

Im **Inneren** faszinieren die Hauptwerke Tintorettos: »Jüngstes Gericht« (rechts) und »Anbetung des Goldenen Kalbs« (links) im Altarraum (beide 1546); in der vierten Kapelle des linken Seitenschiffs die »Erweckung des Licinius« (1579), am Eingang der Mauruskapelle des rechten Seitenschiffs »Marias Tempelgang« (1552) – die beiden letzten sind Meisterwerke. Angeschlossen ist auch ein kleines Kirchenmuseum. (Chorus-Kirche, Mo–Sa 10 bis 17 Uhr, außer Gottesdienstzeiten, www.madonnadellorto.org)

Campo dei Mori 8

Kaum noch etwas erinnert an diesem stillen Platz daran, dass hier im Mittelalter Gewürze und andere Waren aus dem Orient und anderen fernen Ländern umgeschlagen wurden – nur die »Mori« mit ihren Turbanen. Die Venezianer nannten alles, was für sie ausländisch war, *moro* (Maure). Am Campo dei Mori sind im rechten Eckhaus drei Mori-Statuen an der Außenwand eingelassen. Sie stammen aus dem 13. oder 14. Jh. und stellen die Kaufleute Rioba, Sandi und Mastelli dar.

Tintoretto-Haus 9

Nur ein paar Meter weiter stößt man auf die *Casa di Tintoretto*. Hier lebte der Maler bis zu seinem Tod im Jahr 1594. Neben dem Eingang entdeckt man eine weitere Maurenfigur, sie hält einen Turban in der Hand.

Campo della Maddalena 10

Blickfang ist die Rundkirche aus dem 18. Jh.; rechter Hand eröffnet sich ein malerisches Panorama aus Dächern und Kaminen. Nach der Brücke beginnt die Strada Nova, eine sehr belebte Ladenstraße.

**Ca' d'Oro 11

Der Palast entstand zwischen 1422 und 1440; den Namen »Goldenes Haus« verdankt er der einst vergoldeten Fassade. Das erste Loggiageschoss zitiert die Außenfassade des Dogenpalasts. So vollkommen der Palast wirkt, er blieb unvollendet; die linke Ergänzung zum rechten Seitenflügel wurde nicht gebaut.

Heute ist in der Ca' d'Oro ein sehenswertes Kunstmuseum untergebracht: die **Galleria Franchetti.** Baron Franchetti, der letzte Besitzer des Palazzo, hatte wertvolle Gemälde, Gobelins und Plastiken aller Epochen zusammengetragen. Das Innere vermittelt ein anschauliches Bild von der Wohnkultur eines Patriziers im 15. Jh. Den Innenhof, in dem das außen angebaute Treppenhaus erhalten ist, zieren viele Kunstwerke, darunter der Marmorbrunnen vom Baumeister der Ca' d'Oro, Bartolomeo Bon. Im **Atrium** des ersten Stocks fängt die festliche Farbigkeit des Flügelaltarbilds von Antonio Vivarini den Blick. An der Rückwand hängt das eindrucksvolle Relief »Passion der hl. Katharina«, eine englische Arbeit, im letzten Raum rechts ist Mantegnas weltberühmter »Hl. Sebastian« (um 1500) zu bewundern. Die Freskenfragmente Tizians und Giorgiones vom Fondaco dei Tedeschi sowie die Pordenones vom Kloster Santo Stefano hängen in der Halle des zweiten Stockwerks. Als besonders schöne Arbeit gilt die geschnitzte ***Treppe** in den linken Seitenräumen. (Mo 8.15–14, Di–So 8.15–19.15 Uhr.)

Santi Apostoli 12

In der Kirche Santi Apostoli mit ihrem auffallenden Campanile, einem der höchsten der Stadt, lag zeitweise Caterina Cornaro, Königin von Zypern, begraben, bevor ihre sterblichen Überreste nach San Salvatore › **S. 78** umgebettet wurden. Der Altar trägt mit der »Comunione di Santa Lucia« ein Hauptwerk Tiepolos (18. Jh.).

SEITENBLICK

Paradiso Perduto – Musik und Nudeln hausgemacht

Obwohl es nicht mehr das ist, was es einmal war, steht das »Verlorene Paradies« noch immer auf Platz eins für Studentenfeten – mit improvisierten Musikevents. Jeder darf auf dem Podium mal auftreten (mit Voranmeldung), es ertönen v.a. Jazz- und Blues-Klänge. Da es im friedvollen Cannaregio aber ständig Probleme mit Musikkonzessionen gibt, hat das Lokal hausgemachte Spezialitäten zu seiner Existenzgrundlage gemacht, die von guten Weinen begleitet werden.

- Cannaregio | Fondamenta della Misericordia 2540
- Tel. 0 41 72 05 81
- tgl. außer Mi 19–2 Uhr

Zwischenstopp: Restaurant

Erst-klassig

Lauschig ist das Ambiente im »Sotoportego« des Al Vagon ●● am beschaulichen Rio Santi Apostoli, wo man Spezialitäten wie *seppie alla veneziana* (Tintenfisch mit Polenta) und andere typisch venezianische Fisch- und Fleischgerichte genießt sowie internationale und italienische Küche. Von der Ca' d'Oro über die Strada Nova zu erreichen.

- Cannaregio 5597
- Tel. 04 15 23 75 58
- Di geschl.

Santa Maria Assunta dei Gesuiti 13

Ein Abstecher führt Richtung Fondamenta Nuove (Boote nach San Michele, Murano, Burano), denn die zwischen 1715 und 1729 erbaute Jesuitenkirche mit ihrer barocken Fassade lohnt den Umweg. Nicht nur das vergoldete Deckengewölbe und die aus grün-weißem Marmor gestalteten Wände beeindrucken, sondern auch Tizians Gemälde »Martyrium des heiligen Laurentius« links in der Seitenkapelle. (Tgl. 10–12, 15.30 bis 17.30 Uhr.)

*Santa Maria dei Miracoli 14

Versteckt zwischen schmalen Kanälen liegt dieses Renaissancejuwel im lombardischen Stil, von der Baumeisterfamilie Lombardo 1481 bis 1489 errichtet. Als Pietro Lombardo den Auftrag erhielt, an dieser Stelle eine Kirche für ein wundertätiges Madonnenbild zu errichten, hatte er nur wenig Raum zur Verfügung. Entstanden ist jedoch eines der schönsten sakralen Bauwerke Venedigs – noch dazu in »Insellage«. Wo sonst kann man in Venedig ganz um eine Kirche herumgehen? Besonders kunstvoll ist der erhöhte **Altarraum** gestaltet: feinste Marmorintarsien am Triumphbogen, Figurenreliefs an den Pfeilersockeln und ein Kreuz im lombardischen Stil aus farbigem Marmor als Blickfang. Der wertvolle Stein stammt vermutlich aus Konstantinopel und ist von Kreuzfahrern nach Venedig gebracht worden. (Chorus-Kirche, Mo–Sa 10–17 Uhr.)

San Giovanni Crisostomo 15

Die Salizzada San Giovanni Crisostomo führt zur gleichnamigen **Renaissancekirche** (1497–1504), einer Schöpfung von Mauro Codussi. Die Kirche wurde an der Stelle eines Vorgängerbaus aus dem 9. Jh. errichtet, die einer Feuersbrunst zum Opfer gefallen war, welche auch das Wohnhaus Marco Polos zerstört hatte. Das Hauptaltarbild von Sebastiano del Piombo (1509 bis 1511) zeigt San Giovanni Crisostomo; am ersten Seitenaltar rechts prangt Giovanni Bellinis Alterswerk »Santi Girolamo, Cristoforo e Agostino« von 1513.

Rechts der Kirche beginnt eine Kette ineinander übergehender Höfe, der **Corte Milion;** hier lagen die Häuser von Marco Polo › **S. 112**. Von hier erreicht man rasch das Teatro Malibran › **S. 31** und die Rialtobrücke.

Alltagsszenerie in Castello

Castello

Das Beste!

- **Am späten Nachmittag** entlang der Riva degli Schiavoni schlendern › S. 105
- **Einem Vivaldi-Konzert** in der Kirche Santa Maria della Pietà lauschen › S. 106
- **Die fast dörfliche Stille** auf San Pietro genießen › S. 113
- **In den Giardini Pubblici** ein Päuschen einlegen › S. 114

› Karte S. 108

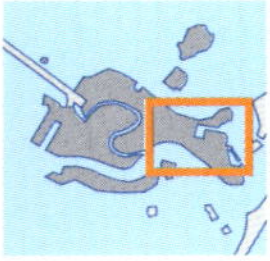

Der Osten Venedigs, traditionell ein Arbeiterviertel ohne Pomp und Prunk, ist geprägt vom Arsenale, der ehemaligen Schiffswerft der Serenissima. In den Giardini Pubblici findet alle zwei Jahre die Kunstbiennale statt.

Castello, das größte Sestiere Venedigs, erstreckt sich von San Marco nach Osten und grenzt im Norden an Cannaregio. Je weiter man sich vom pulsierenden Markusviertel entfernt, von der Riva degli Schiavoni mit ihren prunkvollen Palazzi, desto beschaulicher und stiller wird es. Castello ist das traditionelle Arbeiterviertel. Im Osten wird es dominiert vom Arsenale, der riesigen historischen Schiffswerft, in der die Kriegs- und Handelsschiffe der Serenissima gebaut wurden (heute militärisches Sperrgebiet).

Wer durch die stillen Gassen schlendert, ist mittendrin im venezianischen Alltag. Brücken verbinden den stellenweise ein wenig morbide wirkenden östlichsten Teil von Castello mit den kleinen Inseln San Pietro und Sant' Elena. Eine grüne Oase mit Springbrunnen, Spielplätzen und lauschigen Parkbänken bilden die Giardini Pubblici mit den Länderpavillons der Biennale. Nur alle zwei Jahre, während der Kunstbiennale, stehen sie im Zentrum des öffentlichen Interesses.

Castellos kulturelle Highlights liegen alle im Westen: die Scuola Dalmata di San Giorgio degli Schiavoni, die Kirche Santi Giovanni e Paolo sowie die benachbarte Scuola Grande di San Marco,. Nicht versäumen sollte man auch den Besuch der Pinacoteca Querini-Stampalia am netten Campo Santa Maria Formosa und natürlich die Santa Maria della Pietà an der Riva degli Schiavoni, die eng mit dem Namen Antonio Vivaldi › **S. 107** verknüpft ist.

Die Scuola Grande di San Marco am Campo Santi Giovanni e Paolo

Touren in Castello

Tour 12 Von der Riva degli Schiavoni zum Arsenale

Tour-Übersicht:

Verlauf: **San Zaccaria › Santa Maria della Pietà › San Georgio dei Greci › Palazzo Querini-Stampalia › Santa Maria Formosa › Santi Giovanni e Paolo › Scuola Dalmata di San Giorgio degli Schiavoni › Arsenale**

Dauer: Gehzeit 3 Std.

Praktische Hinweise:

- Start ist die Vaporetto-Station San Zaccaria, Endpunkt der Anleger Arsenale.
- Das Arsenale kann man nicht besichtigen.

Tour-Start:

Von San Marco aus führt dieser Spaziergang durch den westlichen Teil des Castello-Viertels – benannt nach der befestigten Dogenburg, dem Vorgängerbau des Dogenpalasts – bis zum Arsenale.

Riva degli Schiavoni

Im Namen der Uferpromenade klingen Venedigs einstige enge Bindungen an die dalmatinische Küste nach, deren Bewohner man verallgemeinernd Slawen nannte: *Riva degli Schiavoni* heißt »Ufer der Slawonen«. Das erste Gebäude an der Uferstraße sind die ehemaligen **Prigioni** (Gefängnisse), die ab 1589 errichtet wurden und zum Rundgang im Dogenpalast › S. 67 gehören. Einer der berühmtesten Insassen dieses gefürchteten Gefängnisses war Casanova › S. 76. Hinter der Brücke steht ein dieser repräsentativen Lage angemessener Bau: der **Palazzo Dandolo,** ein Musterbeispiel der Spätgotik (15. Jh.), seit 1822 Hotel Danieli › S. 21.

*San Zaccaria 1

Nach der Brücke führt die zweite Abzweigung, ein niedriger Durchgang, zum stillen **Campo San Zaccaria.** Die gleichnamige Kirche mit dem ehemaligen Konvent ist ein gewaltiger Komplex. Die Benediktinernonnen, darunter viele Töchter von Adel, die man zur »Besserung« in dieses Kloster gesteckt hatte, waren wegen ihres ausschweifenden Lebenswandels stadtbekannt, aber die hohe Geistlichkeit drückte beide Augen zu.

Wie so viele Gotteshäuser Venedigs wurde San Zaccaria im 17. und 18. Jh. mit Gemälden geradezu tapeziert. Aus der Überfülle der Ausstattung verdient am zweiten linken Seitenaltar die »Thronende Madonna mit Kind« › S. 44 von Giovanni Bellini (1505) besondere Beachtung. In der Athanasiuskapelle (Zugang am Chor rechts) hängt am Altar von Vittoria ein Gemälde des jungen Tintoretto: »Die Geburt Johannes des Täufers«.

› Karte S. 108

Santa Maria della Pietà an der Riva degli Schiavoni

Die angrenzende ***Tarasiuskapelle** war die Apsis der alten Kirche, aus der Fresken- und Fußbodenfragmente sowie drei wundervolle gotische Altäre erhalten sind (tgl. 10–12, 16–18 Uhr).

Santa Maria della Pietà 2

Das schlicht aussehende Kirchlein besticht durch innenarchitektonische Harmonie. An der Ausstattung des originellen elliptischen ***Innenraums** haben die beiden großen venezianischen Maler des 18. Jhs. mitgewirkt: Giovanni Battista Tiepolo malte die Decke, Giovanni Battista Piazzetta schuf den Hauptaltar (von Schülern nach seinem Tod 1754 vollendet), an dessen Decke wiederum Tiepolo die »Vier Kardinaltugenden« darstellte. Die Kirche gehörte zu einem Waisenhaus samt Mädchenkonservatorium, an dem Antonio Vivaldi von 1703 bis 1741 als Lehrer und Chorleiter beschäftigt war. Viele seiner Kompositionen sind hier entstanden. Heute finden in der Kirche regelmäßig Vivaldi-Konzerte statt (Programm unter www.pietavenezia.org).

San Georgio dei Greci 3

Nur noch 200 Mitglieder zählt die griechisch-orthodoxe Gemeinde in Venedig, deren geistliches Zentrum die Kirche San Georgio darstellt. Sie liegt im ehemaligen Griechenviertel, das vom 11. Jh. an Wohnsitz zahlreicher Hellenen war, die nach dem Ende des byzantinischen Reiches nach Venedig strömten. Sie besaßen eine Scuola, einen Friedhof und bildeten neben der jüdischen die größte nichtkatholische Bevölkerungsgruppe Venedigs. Auffällig an der San-Georgio-Kirche ist der schiefe Turm. Man sollte im Sommer auf jeden Fall einen Moment in dem stillen, blumenbestandenen Kirchhof verweilen, bevor es wieder zurückgeht in die trubeligen Gassen – Bänke sind vorhanden.

Museo dell'Istituto Ellenico 4

Direkt am Ponte dei Greci befindet sich neben der San-Georgio-Kirche

Erst-klassig

eines der bedeutendsten Ikonenmuseen Europas mit rund 150 wertvollen Ikonen, die meisten im nachbyzantinischen Stil (Castello 3412, Ponte dei Greci, tgl. 9–17 Uhr).

Zwischenstopp: **Restaurant**

Wer anschließend Hunger verspürt, sollte sich einen Besuch im berühmten **Al Giardinetto ●●** gönnen. Seit mehr als 100 Jahren gibt es dieses beliebte Restaurant an der Stelle der einstigen Kapelle des Palazzo Zorzi, in das die Gondoliere gern einkehren. Es ist bekannt für Fischspezialitäten und traditionelle venezianische Küche wie Kalbsleber mit gebratenen Zwiebeln. Im Winter sitzt man am lodernden Kaminfeuer, bei schönem Wetter im lauschigen Innenhof unter Weinreben.

- Castello 4928
- Ruga Giuffa
- Tel. 04 15 28 53 32
- www.algiardinetto.it
- Do geschl.

*Palazzo Querini-Stampalia 5

Im Erdgeschoss des Baus aus dem 16. Jh. mit bunten Marmorscheiben werden Ausstellungen zeitgenössischer Künstler gezeigt, im zweiten Stock befindet sich eine Gemäldesammlung (14.–18. Jh.) mit Werken von Bellini, Palma il Giovane, Palma il Vecchio, Pietro Longhi, Tiepolo u.a. Zur Sammlung gehört auch eine Kuriosität von 67 Genrebildern: »Scene di vita pubblica vene-

SEITENBLICK

Antonio Vivaldi – »Il Prete Rosso«

Vom Vater soll der kränkliche Knabe die musikalische Begabung geerbt haben. 1678 wurde Antonio Lucio Vivaldi während eines Erdbebens in Venedig als Sohn eines Violinisten geboren. Er war 25 Jahre alt, als er nach eingehendem Theologiestudium die Priesterweihe erhielt und zunächst als Kaplan an der Kirche Santa Maria della Pietà wirkte, an die ein Waisenhaus für Mädchen angeschlossen war. Nachdem Vivaldi aus angeblich gesundheitlichen Gründen sein Priesteramt niedergelegt hatte, widmetet sich »Il Prete Rosso« (der rothaarige Priester), wie er aufgrund seiner Haarfarbe genannt wurde, ganz seiner Leidenschaft: der Musik. Er wurde musikalischer Leiter am Ospedale della Pietà, komponierte Sonaten und Opern und war bald in ganz Europa berühmt. Le Quattro Stagioni (Die vier Jahreszeiten) ist eines seiner bekanntesten Werke. Im Jahr 1741 starb Vivaldi in Wien, seine Musik jedoch ist bis heute allgegenwärtig. Überall in Venedig finden Vivaldi-Konzerte statt, so auch in der Chiesa di Santa Maria della Pietà › **links.**

› Karte S. 108

ziana« (Szenen des öffentlichen Lebens in Venedig) von Gabriele Bella, entstanden Mitte des 18. Jhs., darunter finden sich Hafen-, Fest- und Theaterszenen. Das Bild der zugefrorenen Lagune mit den venezianischen Schlittschuhläufern ist besonders hübsch anzusehen. (Tgl. 10–19 Uhr.) Freitags und samstags finden am späten Nachmittag (gegen 17 Uhr) bisweilen stimmungsvolle Konzerte statt.

Auf dem Weg zu Santa Maria Formosa lohnt unbedingt der Abstecher von der Ruga Giuffa zum ***Palazzo Grimani** aus dem 16. Jh. Einst befand sich hier die Antikensammlung der Stadt. Nach der 20 Jahre andauernden Restaurierung und Umgestaltung des Ausstellungsbereichs ist der Renaissance-Palast mit seinen prachtvollen Räumen 2008 wiedereröffnet worden (Mo 8.15–14, Di–Sa 8.15–19 Uhr).

Santa Maria Formosa 6

Die Kirche geht auf das 7. Jh. zurück; der Legende zufolge erschien dem hl. Magnus im Jahre 639 die Madonna, und zwar als wohlgestalte *(formosa)* Matrone. Sie befahl ihm, dort ein Gotteshaus zu errichten, wo er eine weiße Wolke über einer Insel schweben sehe. In der heutigen Gestalt entstand die Kirche ab 1492. Santa Maria Formosa ist eine Chorus-Kirche (Mo–Sa 10 bis 17 Uhr).

Touren in Castello

Tour 12

Von der Riva degli Schiavoni zum Arsenale

1 San Zaccaria
2 Santa Maria della Pietà
3 San Geogrio dei Greci
4 Museo dell'Instituto Ellenico
5 Palazzo Querini-Stampalia
6 Santa Maria Formosa
7 Santi Giovanni e Paolo
8 Scuola Grande di San Marco
9 San Francesco della Vigna
10 Scuola Dalmata di San Giorgio degli Schiavoni
11 San Giovanni in Bragora
12 San Martino

Tour 13

Vom Arsenale bis zur Isola di San Pietro

13 Arsenale
14 Museo Storico Navale
15 San Pietro di Castello
16 Giardini Pubblici

Zwischenstopp: **Restaurant**

Al Mascaròn ●●

Die Osteria gehört hier zu den populärsten ihrer Art: An einfachen Holztischen lässt man sich in lebhafter Atmosphäre Spaghetti mit Meeresheuschrecken oder Tintenfisch schmecken, die Wände zieren im Wechsel Werke v.a. aktueller venezianischer Künstler.

- Castello 5225
- Calle Lunga Santa Maria Formosa
- Tel. 04 15 22 59 95
- www.osteriamascaron.it

**Campo Santi Giovanni e Paolo

Zweifellos einer der beeindruckendsten Plätze Venedigs: Die gotische Ziegelfassade der Dominikanerkirche Santi Giovanni e Paolo, an die die ehemalige Scuola Grande di San Marco mit den halbkreisförmigen Fassadenabschlüssen der Frührenaissance im rechten Winkel anschließt, und das kolossale ****Reiterstandbild Colleonis** machen seine Besonderheit aus. Bartolomeo Col-

Das imposante Reiterstandbild des Bartolomeo Colleoni

leoni war ein Condottiere aus Bergamo, einer der in Italien so früh auftretenden Berufssoldaten ohne Vaterland, und hinterließ der Republik Venedig nach seinem Ableben 1476 ein beträchtliches Vermögen, das größtenteils aus Raubzügen stammte. Dafür verlangte er ein Standbild, was in Venedig damals unüblich war. Der Florentiner Andrea Verrocchio entwarf das Modell, starb aber über der Ausführung. Das Colleoni-Reitermonument gehört seit seiner Enthüllung 1496 zu den schönsten der Welt.

Zu einer Verschnaufpause lädt das Café Rosa Salva direkt am Platz ein, dessen hausgemachtes Eis von vielen als das beste der Stadt gepriesen wird.

Erst-! klassig

7

**Santi Giovanni e Paolo 7

Sie ist neben der Frari die größte gotische Kirche Venedigs und Grabstätte bedeutender Dogen. *Zanipolo*, wie die Kirche venezianisch genannt wird, wurde 1234 gestiftet und im Lauf von zwei Jahrhunderten im Stil der Bettelordengotik vollendet. Das Mittelportal von Bartolomeo Bon (1461) ist ein hochrangiges Kunstwerk spätgotischer Bildhauerei. Den düsteren Innenraum teilen mächtige Säulenpfeiler – verbunden mit den für gotische Kirchen in Venedig typischen Holzbalken – in drei überwölbte Schiffe. San Zanipolo war von Anfang an Grablege der Dogen: 25 venezianische Staatsoberhäupter sind hier bestattet. Bei der Besichtigung des Innenraums nimmt zunächst der gewaltige Raumeindruck gefangen und lenkt von der reichen und künstlerisch bedeutenden Ausstattung des Gotteshauses ab.

Rechts an der Innenfassade stößt man auf das Grabmal des Dogen Pietro Mocenigo, von Pietro Lombardo 1481 vollendet, ein Meisterwerk in Marmor. Am zweiten Seitenaltar rechts malte Giovanni Bellini 1465 die neun Szenen aus dem Leben des 1455 heiliggesprochenen Dominikanermönchs Vinzenz Ferrer und weiterer Heiliger. Die dritte Kapelle rechts birgt mit dem Deckengemälde ihres Titularheiligen, der »Verherrlichung des hl. Dominikus«, ein Hauptwerk von Giovanni Battista Piazzetta.

Im Hauptaltarraum sticht links das opulent verzierte Grabmal des

Dogen Andrea Vendramin von Tullio Lombardo (um 1492) ins Auge. Die Rosenkranzkapelle im linken Querschiff schmücken Gemälde von Paolo Veronese. An der linken Seite erscheint am Grabmal des Dogen Tommaso Mocenigo (1414 bis 1423) ein damals neues Motiv: Den gotischen Aufbau krönt ein in Stein gehauener Baldachin, den man in Venedig häufig antrifft. (Mo–Sa 8–12.30, 15–18, So 15–17.30 Uhr.)

*Scuola Grande di San Marco 8

Die im rechten Winkel zur Kirchenfassade stehende Scuola Grande di San Marco war der Bruderschaft der Goldschmiede und Seidenhändler gewidmet; heute ist sie ein Krankenhaus. An der Frührenaissancefassade fallen die perspektivischen unteren Nischen auf. Die Baumeisterfamilie Lombardo hat hier gearbeitet, die schwungvollen Bogen setzte Mauro Codussi auf.

San Francesco della Vigna 9

An diese Stelle verlegt die Legende den Ort, an dem ein Engel den Evangelisten Markus aufweckte › **S. 65**. Ein kleines Markuskirchlein stand hier, bevor das Gelände ans Kloster kam. Sansovino errichtete 1534 die Kirche, die Fassade entwarf Palladio. Im weiten Innenraum ist die ***Cappella Giustiniani** (links vom Hauptaltar) sehenswert. Sie ist mit reichsten Marmorarbeiten der lombardischen Schule (Ende 15. Jh.) ausgestattet – das Stifterbild mit dem Kirchenmodell (Altar) zeigt erstaunlicherweise eine ganz andere Fassade als die tatsächliche, nämlich eine Fassade in lombardischem Stil.

Vom linken Querarm kommt man in die **Cappella Santa.** Hier hängt mit der »Madonna und vier Heiligen« ein Gemälde von Giovanni Bellini von 1507. Im rechten Querarm der Kirche fällt eine gotisch anmutende »Thronende Madonna mit Kind« auf. Antonio da Negroponte malte das detailreiche Bild in der Übergangszeit von der Gotik zur Renaissance um 1470. (Tgl. 8–12, 15–19 Uhr.)

**Scuola Dalmata di San Giorgio degli Schiavoni 10

Der zweistöckige Bau (Fassade von 1551) ist heute wegen seiner Gemälde eines der wichtigsten Museen der Stadt. Im **Erdgeschoss** hängt über der Holzvertäfelung ein Gemäldezyklus (1501–1511) von Vittore Carpaccio (1465 bis 1525), der die Schutzheiligen der dalmatinischen Kaufleute zum Thema hat. Die Steifheit der mittelalterlichen Malerei ist in diesem Zyklus überwunden, seine lebendige und realistische Darstellung zeigt schon den Einfluss der Frührenaissance. Der **erste Stock,** in dem sich die Herberge der Scuola befindet, besitzt eine herrliche Prunkdecke. (Mo 14.45 bis 18, Di–Sa 9.15–13, 14.45–18, So, Fei 9.15–13 Uhr.)

San Martino

Über den nahe gelegenen **Campo Bandiera e Moro** mit dem gotischen **Palazzo Gritti-Badoer** (14. Jh.) und

› Karte S. 108

der Kirche **San Giovanni in Bragora** 11 gelangt man zur Kirche **San Martino** 12. Der Legende nach war sie schon im 7. Jh. Zuflucht für Vertriebene vom Festland und ist in ihrer heutigen Gestalt ein Entwurf Sansovinos von 1540. Beachtung verdient der als Löwenmaul gestaltete Denunziationsbriefkasten an der für die Renaissance ungewöhnlichen Ziegelsteinfassade.

Einen Katzensprung entfernt befindet sich der sehenswerte Eingang zum Arsenale, der historischen Werft.

SEITENBLICK

Marco Polo – ein Venezianer entdeckt die Welt

Zweifel an seiner berühmten Chinareise wurden schon zu Lebzeiten Marco Polos (1254–1324) laut und werden von der Wissenschaft immer wieder neu entfacht. Dennoch gilt der aus einer venezianischen Kaufmannsfamilie stammende Abenteurer als erster Europäer, der das weithin unbekannte Asien intensiv bereiste. Mehr als zwei Jahrzehnte, von 1271 bis 1295, verbrachte Marco Polo in China, begab sich im Auftrag des chinesischen Kaisers u.a. nach Tibet, lernte Persien, Afghanistan sowie die Wüste Gobi kennen und kehrte schließlich auf abenteuerlichem Wege über Sumatra, Ceylon, die Westküste Indiens und Persien nach Venedig zurück. Seine Reisebeschreibungen, unter dem Titel »Il milione« veröffentlicht, sorgten für Furore und wurden in mehrere Sprachen übersetzt.

Tour 13 Vom Arsenale bis zur Isola di San Pietro

Tour-Übersicht:

Verlauf: **Arsenale › Museo Storico Navale › Isola di San Pietro › Giardini Pubblici**

Dauer: Gehzeit 2 Std.

Praktische Hinweise:

- Ausgangspunkt ist die Vaporetto-Station Arsenale, Endpunkt die Station Giardini.
- Das Museo Storico Navale ist nur am Vormittag geöffnet.

Tour-Start:

Das Arsenale, das Schifffahrtsmuseum und die Luxusjachten, die im San-Marco-Becken vor Anker liegen: Wer sich für Schifffahrt interessiert, darf sich diesen Rundgang nicht entgehen lassen. Fotofreunde sollten ihn besser am Nachmittag machen, wenn die Insel San Giorgio Maggiore in glitzerndes Sonnenlicht getaucht ist.

*Arsenale 13

In der einstigen Schiffswerft entstanden zu Venedigs Blütezeit die Handels- und Kriegsschiffe der Serenissima. Rund 200 Schiffe sollen hier pro Jahr vom Stapel gelaufen sein. Das Arsenale war einst einer der am besten abgeschirmten Plätze der ganzen Republik: Hier schützten die Venezianer ihr Monopol der Schiffsproduktion. Die Anlage wurde im Jahr 1104 in Betrieb genom-

Relikt aus der Blütezeit der Serenissima: das Arsenale, Venedigs historische Schiffswerft

men und vergrößerte sich rasch auf 32 Hektar später wurden hier auch Waffen gefertigt und Lagerhäuser errichtet. 16 000 Arbeiter waren im 16. Jh. im Arsenale beschäftigt.

Der **Triumphbogen** (1460) am Eingang mit dem geflügelten Löwen und der personifizierten Justizia (1578), den venezianischen Lieblingssymbolen, ist das früheste Beispiel der Renaissance in Venedig. Der Sieg über die Türken in der Seeschlacht von Lepanto (1571) machte das Arsenale-Portal zu einer Gedenkstätte, die spätere Siege immer weiter ausschmückten.

Das Arsenale ist bis heute Sperrbezirk des Militärs und daher der Öffentlichkeit weitgehend unzugänglich. Seit einigen Jahren finden hier jedoch im Rahmen der Biennale Kunst- und Architekturausstellungen sowie Theateraufführungen statt – eine gute Gelegenheit, die imposante Anlage näher kennenzulernen › S. 115.

Erst-! klassig

*Museo Storico Navale 14

Ein ehemaliger Kornspeicher an der Ecke zum Becken von San Marco beherbergt heute das Museum der Schifffahrtsgeschichte mit angegliederter, 2000 Exponate umfassender Muschelsammlung. Spektakulärstes Ausstellungsstück ist das Modell des letzten »Bucintoro«: So hieß das vergoldete Prunkschiff der Dogen für 200 Ruderer. Kurz vor der Zerstörung des letzten, 1728 gebauten Bucintoro durch Napoleon ließ Admiral Paolucci 1828 das Modell anfertigen. (Mo–Fr 8.45–13.30, Sa bis 13 Uhr.)

Via Garibaldi

Weiter geht es auf der Via Garibaldi, einem aufgeschütteten Kanal, der heute wie eine Fußgängerzone wirkt. Die für Venedig außergewöhnlich breite Straße durchzieht ein lebendiges Wohnviertel mit pittoresken Ausblicken in die Nebenstraßen und geht wieder in einen

Kanal mit Uferstreifen über, den Rio di Sant' Anna. Von der Brücke über den Canale di San Pietro eröffnet sich ein guter Blick auf die in diesem Viertel angesiedelten Werftbetriebe.

Isola di San Pietro

Die Insel San Pietro mit ihren beschaulichen Gassen war bis 1807 Sitz des venezianischen Bischofs. Aus diesem Grund verfügt **San Pietro di Castello** 15 über Ausmaße, die mit denen einer Dorfkirche nichts gemein haben. Allerdings hatte San Pietro längst nicht die Bedeutung von San Marco: Die meisten religiösen Zeremonien repräsentierten zugleich den Staat Venedig und wurden vom jeweiligen Dogen geleitet, dem Bischof kam nur eine untergeordnete Rolle zu.

Grüne Oase: die Giardini Pubblici, der Stadtpark von Venedig

An der Fassade erkennt man wieder das Motiv säulentragender Dreiecksgiebel, mit dem Palladio arbeitete und das nach ihm benannt ist. Die Architektur des Innenraums geht ebenfalls auf Palladio zurück. Schmuckstück ist der marmorne Bischofsthron *(Cattedra)* zwischen dem zweiten und dritten Seitenaltar auf der rechten Seite. Der hl. Petrus soll ihn in Antiochia benutzt haben. (Mo–Sa 10–17 Uhr; Chorus-Pass › **S. 139**)

Giardini Pubblici 16

Beim Rückweg nimmt man am besten die Calle Larga, die andere Brücke über den Canale di San Pietro. Von ihr lässt sich San Pietro mit der pittoresken Fassade und dem etwas schiefen Campanile, den Codussi zwichen 1482 und 1490 errichtete, gut überblicken.

Der Weg führt durch reizende Gässchen des Viertels **Campo di Ruga** zum Rio di Sant' Anna und zur Via Garibaldi zurück. An der Grünanlage biegt man links ein und steht vor dem rührenden Denkmal des Freiheitskämpfers Garibaldi: Er steht heroisch auf einem Felsen, an dessen »Abhang« schläfrig der Markuslöwe blinzelt.

Der Viale Garibaldi führt zu den **Giardini Pubblici**, dem Stadtpark, wo die Länderpavillons der internationalen Kunstbiennale › **S. 115** stehen. Hier präsentieren sich die einzelnen Nationen alle zwei Jahre mit ihrer Kunstproduktion.

Von der Anlegestelle Giardini Pubblici kann man per Schiff nach San Marco zurückkehren.

SPECIAL

Laboratorium der Avantgarde

Angefangen hatte alles mit der bildenden Kunst. 1895 gründeten kluge Stadtväter die alle zwei Jahre stattfindende **Biennale,** die die jeweils aktuellen Positionen der Malerei und Bildhauerei in der Lagune präsentieren sollte. Rasch entwickelte sich die Biennale zu einer renommierten Ausstellung, von der wesentliche Impulse für die bildende Kunst ausgingen.

Schon 1895 zog sie knapp 250 000 kunstinterssierte Besucher aus aller Welt an, 1909 waren es schon fast eine halbe Million. Das Konzept beruhte ganz im Sinne des 19. Jhs. auf einer nationalen Ausstellungspraxis, und zahlreiche Nationen errichteten nach und nach in den Giardini Pubblici Länderpavillons. Die Dynamik, die sich rund um die 29 Pavillons entwickelte, erfasste im ausgehenden 20. Jh. auch alle anderen Kunstformen.

Die nächste, die **56. Internationale Kunstausstellung,** findet im Jahr 2015 statt.

- **La Biennale di Venezia**
  Ca' Giustinian | San Marco 1364/A
  30124 Venezia
  Tel. 04 15 21 87 11
  aav@labiennale.org
- **Kunst im Netz:**
  Geschichte der Biennale, Presse, Terminkalender.
  www.labiennale.org

Apertutto

Im Zeichen der Globalisierung erwies sich die Ausstellung der Kunst in Länderpavillons als nicht mehr zeitgemäß. Man suchte also in den 1980er-Jahren nach Flächen für eine nicht länderspezifische Kunstschau. Und man fand das Apertutto, 9000 m² auf dem Gelände des Arsenale, der Werft aus dem 16. Jh. – alte Räume, die moderner nicht sein könnten.

Kunstliebhaber, die zur Zeit der Biennale noch kurzfristig eine UNTERKUNFT suchen, finden unter www.venicesystem.com günstige Last-Minute-Angebote.

Von der bildenden Kunst zu Theater und Tanz

Die vielen Anstrengungen in den 1990er-Jahren, Venedig »neu zu denken«, machten auch vor der Biennale nicht halt. Angestrebt wurde ein dynamisches, experimentelles Laboratorium, in dem unabhängig vom Zweijahresturnus das ganze Jahr über Kunstformen erprobt werden. Seit 1998 gehören auch Tanz, Musik und Theater zum Programm. Ensembles, Gruppen und Solisten aus aller Welt präsentieren Ungesehenes, Ungehörtes und Ungewöhnliches.

Zwei Theater stehen als Spielorte zur Verfügung, deren Charakter zu Avantgarde verpflichtet: Das **Teatro Piccolo Arsenale** und das **Teatro alle Tese** befinden sich in den Arbeitshallen des alten Arsenale › S. 112, wo bereits der Veranstaltungsraum für sich ein Erlebnis ist.

- Informationen zu Musik-, Tanz- und Theateraufführungen sind erhältlich bei **La Biennale – Settori Danza, Musica, Teatro** unter Tel. 04 15 21 88 98, dmtsegreteria@labiennale.org.
- Karten für die Tanz-, Musik- und Theaterbiennale können bequem einen Monat zuvor per Internet vorbestellt werden unter www.labiennale.org.

Filme am Lido

1932 rief Venedig zusätzlich zur Kunstschau ein Filmfestival ins Leben, das alle Jahre wieder Ende August, Anfang September die internationale Filmprominenz auf dem Lido vereint. Venedigs Filmpreis, der Goldene Löwe *(Leone d'Oro)*, gehört zu den begehrtesten Auszeichnungen der Filmwelt.

Herz des Filmfests ist der renovierte Palazzo del Cinema von 1937.

- **Palazzo del Cinema di Venezia**
  Lungomare Marconi 30
  30126 Lido di Venezia
  Tel. 04 12 72 65 01
  Fax 04 15 22 75 20

Kunst des Bauens – die Architekturbiennale

Seit 1984 findet abwechselnd mit der Schau der bildenden Künste auf dem Gelände der Giardini und im Arsenale eine beachtenswerte internationale Ausstellung zeitgenössischer Architektur mit urbanen Visionen einer gebauten Welt von übermorgen statt – die 14. Biennale vom 7. Juni bis 23. Nov. 2014.

- **Biennale di Architettura**
  Tel. 04 15 21 81 11
  www.labiennale.org

Dorsoduro

Das Beste!

- **Am Abend** von den Zattere aus den Blick auf die angestrahlte Redentore-Kirche genießen › S. 118
- **Dem Gondelbauer** am Campo San Trovaso bei der Arbeit zuschauen › S. 123
- **Auf ein Glas Wein samt cicchetti** in die Enoteca Al Bottegon einkehren › S. 123
- **Das traumhafte Panorama** vom Campanile der Kirche San Giorgio Maggiore genießen › S. 129

› Karte S. 120

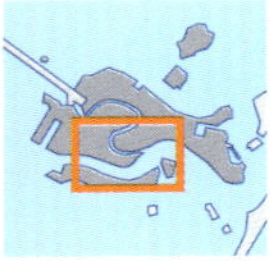

Dorsoduro, der »harte Rücken«, ist trotz seiner Randlage eines der romatischsten Stadtsechstel Vendigs und besitzt mit der Gallerie dell'Accademia und der Collezione Peggy Guggenheim zwei Kunstmuseen von internationalem Rang.

Der im Südwesten gelegene Stadtteil zwischen internationalem Fährhafen, Piazzale Roma und dem Giudecca-Kanal wartet dank der Universitätsinstitute mit viel studentischem Flair auf. Nahe Accademia befinden sich elegante Geschäfte und erlesene Kunstgalerien, die sich mit ihrem Angebot von der üblichen Massenware deutlich abheben.

Mit den Gallerie dell'Accademia und der Collezione Peggy Guggenheim besitzt Dorsoduro auch gleich zwei der bedeutendsten Kunstmuseen Venedigs, deren Besuch ein Muss ist. Und 2009 hat an der Punta della Dogana ein weiteres aufsehenerregendes Museum seine Pforten geöffnet. Gezeigt wird moderne Kunst aus der Sammlung Pinault.

Touristen spielen in Dorsoduro sonst eher eine Nebenrolle. Am Campo San Trovaso geht noch ein Gondelbauer seiner Arbeit nach, und in den Bàccari sind die Bewohner meist unter sich. Auch am zauberhaften Campo San Barnaba und am Campo Santa Margherita bestimmen überwiegend die Einheimischen das abendliche Treiben, genau wie an den breiten Zattere, der Uferpromenade, an der einst das Holz angeliefert wurde (*zattere* = Flöße). Auf dieser kann man bis zur Punta della Dogana flanieren, die Redentore-Kirche auf der Giudecca zur Rechten. Die lang gestreckte stille Insel gehört ebenfalls zu Dorsoduro. Von hier bietet sich auch an, auf die Klosterinsel San Giorgio Maggiore überzusetzen.

Der Palazzo Venier dei Leoni birgt die Sammlung Peggy Guggenheim

Touren in Dorsoduro

Tour 14 Von der Accademia zum Campo Santa Margherita

Tour-Übersicht:

Verlauf: **Gallerie dell'Accademia › Collezione Peggy Guggenheim › Santa Maria della Salute › Punta della Dogana › Magazini del Sale › Spirito Santo › Santa Maria del Rosario o dei Gesuati › Chiesa di San Trovaso › Campo Santa Margherita**

Dauer: Gehzeit 2,5 Std., mit Besichtigung 5–6 Std.

Praktische Hinweise:

- Ausgangspunkt ist die Vaporetto-Station Accademia, Endpunkt der Campo Santa Margherita, von wo aus man rasch die Vaporetto-Station Ca' Rezzonico erreicht.

Tour-Start:

Diese Tour führt zu bedeutenden Kunststätten Venedigs, bietet fantastische Panoramaausblicke auf den Canal Grande und macht zugleich mit dem gemütlichen Sestiere Dorsoduro bekannt. Neben den Gallerie dell'Accademia ist eines der Highlights dieser Tour das 2009 eröffnete Museum für zeitgenössische Kunst an der Punta della Dogana, das nicht nur hochkarätige Werke der Moderne bietet, sondern allein wegen seiner architektonischen Gestaltung des japanischen Stararchitekten Tadao Ando überaus sehenswert ist.

**Gallerie dell'Accademia 1

8

In 24 Sälen wird ein umfassender Überblick über die venezianische Malerei des 14. bis 18. Jhs. präsentiert. Die Kunsterke der bedeutendsten Gemäldesammlung der Stadt stammen zu einem großen Teil aus ehemaligen Klöstern, Kirchen und Scuole. In einem ehemaligen Konvent, Santa Maria della Carità, wurden die Werke bereits seit 1807 sorgsam verwahrt. Zu den Glanzlichtern der Sammlung gehören die epochalen Werke der Frührenaissance von Bellini, Vivarini und Carpaccio sowie die der großen drei Meister der venezianischen Malerei des 16. Jhs.: Tizian, Tintoretto und Veronese.

Der Eingang zu den Kunstgalerien befindet sich am Kanal. (Mo 8.15–14, Di–So 8.15–19.15 Uhr, wegen Umbauarbeiten sind evtl. nicht alle Räume zu besichtigen, Infos: www.gallerieaccademia.org.)

Zwischenstopp: **Restaurant**

Die feinsten *tramezzini* in ganz Venedig gibt es in der vielfach preisgekrönten Bar **Accademia Foscarini** gleich neben der Accademia.

- Dorsoduro 878
- Rio Terrà Antonio Foscarini
- Tel. 04 15 22 72 81

*Collezione Peggy Guggenheim 2

Die Gemäldesammlung der amerikanischen Kunstmäzenin Peggy Guggenheim (1898–1979) ist im Palazzo Venier dei Leoni untergebracht, ihrem ehemaligen Wohnhaus. Sie umfasst Meisterwerke der klassischen Moderne (u.a. von Marc Chagall, Piet Mondrian, Paul Klee, Jackson Pollock und Pablo Picasso). Häufig finden aufsehenerregende Wechselausstellungen statt.

Erst-klassig

Die Millionenerbin, die in zweiter Ehe 1941–1946 mit Max Ernst verheiratet war, hatte zahlreichen Juden durch den Kauf ihrer Bilder die Flucht ermöglicht. (Tgl. außer Di 10–18 Uhr, www.guggenheim-venice.it).

*Santa Maria della Salute 3

Am Ausgang des Canal Grande erhebt sich die weithin sichtbare Barockkirche. Während der Pestepide-

Touren in Dorsoduro

Tour 14 Vom Ponte dell'Accademia zum Campo Santa Margherita

1 Gallerie dell'Accademia
2 Collezione Peggy Guggenheim
3 Santa Maria della Salute
4 Pinacoteca Manfrediniana
5 Dogana di Mare
6 Magazzini del Sale
7 Spirito Santo
8 Santa Maria del Rosario o dei Gesuati
9 Santa Maria della Visitazione o San Gerolamo dei Gesuati
10 San Trovaso
11 Squero di San Trovaso (Gondelwerkstatt)
12 Campo Santa Margherita

Tour 15 Insel Giudecca

13 Il Redentore
14 Casa Tre Oci
15 Zitelle

Tour 16 Insel San Giorgio Maggiore

16 San Giorgio Maggiore

mie des Jahres 1630 gelobte der Doge der Madonna den Bau einer Kirche, mit der Bitte, der Pest ein Ende zu setzen. Von den elf eingereichten Modellen siegte das von Baldassare Longhena, der sofort mit dem Bau begann. Die Vollendung erlebte er jedoch nicht mehr: Die Weihe des Hauses fand erst 1687 statt – fünf Jahre nach seinem Tod.

Der Rundbau, mehr Votivtempel als Kirche, imponiert durch die Treppen, die ihn erst recht aufs Podest stellen, und die überdimensionalen Voluten. Das Innere des Gotteshauses ist schlicht, verfügt jedoch über erstklassige Gemälde von Künstlern wie Giordano, Tintoretto, Tizian u.a.; der kolossale Marmoraltar Baldassare Longhenas trägt das Gnadenbild der Madonna.

Am 21. November findet mit der Festa della Madonna della Salute eine der größten und schönsten Feierlichkeiten Venedigs statt. Dann wird eine Ponton-Brücke über den

Erst-! klassig

Kanal geschlagen, Tausende von Pilgern folgen der Prozession.

Im Klostergebäude befindet sich die **Pinacoteca Manfrediniana** **4**, eine interessante Gemälde- und Skulpturensammlung, die allerdings nur nach Voranmeldung zu besichtigen ist (Tel. 04 15 22 55 58).

Zwischenstopp: **Restaurant**

Lineadombra ●●●

Eine romantische Adresse für ein abendliches Diner: Auf der Rückseite der Kirche Santa Maria della Salute sitzt man im Sommer auf der ruhigen Terrasse am Giudecca-Kanal und hat einen atemberaubenden Blick auf die angestrahlte Redentore-Kirche. An kühlen Tagen lockt ein modern gestylter Innenraum. Serviert wird u.a. frischer Fisch.

- Dorsoduro 19
- Tel. 04 12 41 18 81
- www.ristorantelineadombra.com

Dogana di Mare 5

In der ehemaligen Meereszollstation wurden alle Waren, die über das Wasser nach Venedig gelangten, verzollt bzw. zwischengelagert. An der **Punta della Dogana,** der Zollspitze, musste jedes Schiff, das den Canal Grande benutzte, vorbeifahren. Die Bronzegruppe von Falcone (Ende 17. Jhs.) wurde ein Wahrzeichen Venedigs: Fortuna, die Glücksgöttin, wiegt sich auf einer goldenen Kugel, gehalten von zwei Atlanten.

2009 wurde in der ehemaligen Zollbehörde das ****Centro d'Arte Contemporanea** (Museum für zeitgenössische Kunst) eröffnet. Vom japanischen Stararchitekten Tadao Ando gestaltet, bietet es einen faszinierenden Rahmen für die Sammlung Pinault und spannende Wechselausstellungen (tgl. außer Di 10–19 Uhr, www.palazzograssi.it).

Magazzini del Sale 6

In den nahen , den alten Salzspeichern der Republik aus dem 14. Jh., sind heute Ruderclubs zuhause. Zudem präsentiert die **Fondazione Vedova** in den historischen Räumen Bestände des New Yorker Guggenheim-Museums und Wechselausstellungen (tgl. außer Di 10.30–18 Uhr, www.fondazionevedova.org).

Spirito Santo 7

Zu der Kirche aus dem 15. Jh. gehören auch ein Klosterkomplex und eine Scuola. Daneben erkennt man das **Ospedale degli Incurabili,** in dem zunächst Aussätzige und unheilbar Kranke untergebracht waren. Später funktionierte man es zum Waisenhaus um, in dem die Kinder Musikunterricht erhielten.

Santa Maria del Rosario o dei Gesuati 8

Trotz ihres konventionellen Klassizismus dominiert die Kirche die Häuserfront. Sie beeindruckt mit herrlichen Gemälden des 18. Jhs. und stimmiger Verteilung der Kunstwerke. Die Statuen zwischen den Seitenaltären umziehen den Raum und weisen mit den Flachreliefs über ihnen in die kostbare Deckenzone: Tiepolos Meisterfresko, entstanden 1737–1739, umgeben monochrome Werke aus seiner Schule. (Chorus-Kirche, Mo–Sa 10 bis 17 Uhr.)

Santa Maria della Visitazione o San Gerolamo dei Gesuati 9

Wenige Meter weiter links liegt die weniger pompöse Fassade des Kirchleins Santa Maria della Visitazione o San Gerolamo dei Gesuati, dessen kunstgeschichtliche Bedeutung in ihrem feinen lombardischen Dekor (1493–1524) liegt. Die 58 bemerkenswerten Deckenbilder entstanden im 15. Jh. Aufmerksamkeit verdient einer der letzten Geheimbriefkästen Venedigs, den einst Denunzianten benutzten, um jemanden anzuschwärzen. Er befindet sich zwischen den beiden Kirchen, neben Hausnummer 919.

Zum Campo San Trovaso

Über die Fondamenta Nani und dann links über eine Brücke gelangt man zu Campo und Kirche **San Trovaso** 10 (11. Jh.), die in ihrer heutigen Gestalt von 1584 an errichtet wurde. Ihr Inneres ziert ein »Abendmahl« von Tintoretto (1556); auch die »Fußwaschung« wird ihm zugeschrieben. Genauere Beachtung verdient daneben der elegante perspektivische Altar von Alessandro Vittoria aus dem 16. Jh. (Mo–Sa 15–18 Uhr.)

9 Gondelwerkstatt 11

Vom Ufer gegenüber San Trovaso sieht man an der Ecke der beiden Wasserarme den **Squero,** eine der letzten und ältesten Gondelwerften Venedigs, die den Kundendienst für die ca. 600 hauptberuflichen Gondolieri und ihre Boote besorgt. Einst waren die *squeri* über die ganze Stadt verteilt; bevor das Arsenale den gesamten Schiffsbau übernahm, wurden in den Werften alle Arten von Wasserfahrzeugen gebaut. (Squero di San Trovaso, Dorsoduro 1097, Tel. 04 15 22 91 46, www.squerosantrovaso.com)

Vor der Gondelwerkstatt

Zwischenstopp: **Restaurants**

Die **Enoteca Al Bottegon** an der Brücke San Trovaso zählt zu den traditionsreichsten Weinlokalen der Stadt. Sehr stimmungsvoll! Erst-! klassig

Da Montin ●●●

Künstler, Schauspieler und Intellektuelle frequentieren das alteingesessene und beliebte Gartenlokal, das am stillen Rio Eremite liegt. Hier wurde eine Szene aus »Tod in Venedig« gedreht. Unbedingt reservieren!

- Dorsoduro 1147 | Fond. Eremite
- Tel. 04 15 22 71 51

SPECIAL

Venedig und die Gondel

Schmal, lang und schwarz ist sie, elegant in ihrer gleitenden Bewegung über das Wasser. *La gondola* – allein der melodiöse Name verspricht eine sanfte Partie auf den Kanälen der Lagunenstadt.

Bis Mitte des 16. Jhs. waren die Gondeln entsprechend der Herrlichkeit der Seerepublik mit Pomp und Prunk ausgestattet. Offenbar kam es dabei zu einigen Übertreibungen, denn 1562 verfügte der Senat, dass alle Gondeln Schwarz zu tragen hätten – schmucklos, aber feierlich, damit nichts von der Pracht Venedigs ablenkt. Als Verkehrs- und Transportmittel sind Gondeln schon aus der Zeit des ersten Dogen (697) belegt.

Symbolhaft!

Ihre Maße sind 10,15 m Länge und 1,40 m Breite; dass sie rechts 24 cm schmaler ist, hängt wohl mit der Position des Gondoliere zusammen, der das Ruder nur auf der rechten Seite eintaucht. Die Gondelspitze ziert der *ferro,* eine Standarte aus Metall: Die sechs Streifen stellen die sechs Stadtteile Venedigs dar; der siebte mit anderer Richtung steht für die Insel Giudecca, während die Rundung den Dogenhut symbolisiert.

In der Gondelwerkstatt

Für die Fertigung einer Gondola, die aus acht verschiedenen Hölzern gezimmert wird, brauchen Gondelbauer drei Monate. Die **Gondelwerkstatt** › S. 123 *(squero)* in Dorsoduro baut und repariert seit dem 17. Jh. Gondeln. Sie und die Werft der Giudecca sind die letzten in Venedig.

Während im *squero* der Körper der Gondola entsteht, fertigt der *remero* die Ruder und die Rudergabel, die *forcola.* Heute übt in Venedig nur noch **Paolo Brandolisio** dieses Handwerk aus – Besucher sind in seiner Werkstatt stets willkommen. Er formt die komplexen dreidimensionalen *forcole* (Holzdollen), die acht verschiedene Ruderstellungen zulassen. Die Rudergabel wird der Statur des Gondoliere angepasst, ihre Maße entsprechen im Idealfall den seinen, bilden eine Einheit. Kein Wunder also, dass dem Vorschlag, die Holzruder durch langlebige Plastikruder zu ersetzen, eine Abfuhr erteilt wurde.

- **Paolo Brandolisio**
  Castello 4725
  Sotoportego Corte | Rota
  Tel. 04 15 22 41 55
  Mo–Fr 9–13, 15–19 Uhr

Mit dem Traghetto von Ufer zu Ufer

Die Venezianer lassen sich nur selten zu einer romantischen Gondelfahrt hinreißen und nutzen im Alltagsleben gern den *traghetto,* die Gondelfähre über den Canal Grande. In der Tat ist die Überfahrt à 2 € wirklich geschenkt – allerdings verkehren die Boote unregelmäßig. Folgen Sie den grün-goldenen Hinweisschildern »traghetto«, um zu den Fährstationen *(stazi)* zu kommen.

Voga alla Veneziana

Wer könnte das Wesen Venedigs verstehen, wenn er nicht einmal das ureigenste Verkehrsmittel der Stadt genutzt hätte und nicht einmal eine *voga alla veneziana,* eine Gondelpartie, mitgemacht hätte? Unvergesslich ist das Erlebnis, sich durch die stillen Kanäle an den Mauern der Palazzi vorbeiwiegen zu lassen. Ein besonders schönes Erlebnis sind die Fahrten in der Nacht bei Mondschein, wenn es ruhig wird auf den Brücken und man nur noch das sanfte Eintauchen des Ruders ins Wasser hört.

Übrigens: Nach rund 900 Jahren männlicher Vorherrschaft gibt es seit 2010 unter den über 400 Gondolieri eine Gondoliera: Giorgia Boscolo, Tochter eines Gondoliere, darf als erste Frau offiziell Besucher durch die Kanäle schippern.

- **Fahrpreise:** Leider ist eine Gondelpartie nicht gerade preiswert: Für die 40-minütige Standardtour muss man tagsüber 80 € (20–30 € pro Person) berappen, abends und mit musikalischer Untermalung steigt der Preis › **auch S. 20.**
- **Info:** www.gondolavenezia.it

Traghetto-Stationen

- San Marcuola–Fondaco dei Turchi
- Santa Sofia–Pescheria
- Riva del Carbon–Riva del Vin
- San Tomà–Sant'Angelo
- San Barnaba–San Samuele
- Santa Maria del Giglio–La Salute
- Punta della Dogana–Calle Vallaresso
- Fondamenta di San Simeon Piccolo–Fondamenta di Santa Lucia

Die Gondolieri setzen die Passagiere in der Regel von 8 bis 13 oder bis 18 Uhr über; manche Traghetti fahren sonntags nicht.

10

Zum Ponte dei Pugni

Entlang dem Rio delle Eremite – den Eremitinnen gefiel ihr Konvent in dieser beschaulichen Ecke – gelangt man zum malerischen **Campo San Barnaba.** Von dort überquert man in Richtung Campo Santa Margherita den **Ponte dei Pugni**, die »Brücke der Faustkämpfe«, an der das hübsche Gemüseschiff vor Anker liegt. Hier lieferten sich die Castellani mit den Nicoloti seit dem Mittelalter handfeste Schlägereien, die im 18. Jh. schließlich verboten wurden › **Seitenblick unten.**

Zwischenstopp: **Restaurant**

In der fröhlich-lauten Pizzeria **Casin dei Nobili** ●● gleich südlich des Campo San Barnaba werden Pizza, Pasta und Meeresfrüchte zu angemessenen Preisen serviert. Meist sehr gut besucht. › **S. 27**

**Campo Santa Margherita 12

Wie alle großen Plätze der Stadt prägt auch diesen sein unverwechselbares Flair: mittelalterliche Bausubstanz, ein abgesägt wirkender Campanile am anderen Ende und lebendiges Marktgeschehen. Der frei stehende Bau in der Platzmitte ist die **Scuola dei Varoteri**, die ehemalige Schule › **S. 45** der Gerber und Färber. Eine Inschrift an der Fassade gibt Auskunft darüber, welche Mindestmaße die zum Verkauf angebotenen Fische haben mussten.

In jüngerer Zeit hat sich der Campo zu einem Treffpunkt an lauen Abenden entwickelt. Man sitzt im Freien, nimmt ein Getränk oder schleckt ein Eis und genießt das herrliche Ambiente und das ewige Kommen und Gehen der Leute, hauptsächlich Einheimische.

Erst-! klassi

SEITENBLICK

Der Ost-West-Konflikt – Castellani und Nicoloti

In der Gemäldegalerie der Accademia hängt ein Gemälde, das ein wüstes Getümmel zeigt: Zu beiden Seiten einer Brücke drängt sich das gaffende Volk, auf der Brücke kämpfen Männer erbittert miteinander. Die spektakuläre Darstellung nimmt Bezug auf ein populäres Volksfest, das spielerisch die historische Rivalität der Bewohner der beiden Ufer des Canal Grande aufs Korn nimmt. Die Bewohner der Ostseite hießen nach der alten Dogenburg Castello die *Castellani*, die auf der Westseite nach ihrer Patronatskirche San Nicolò dei Mendicoli die *Nicoloti*.

In diesem Ost-West-Konflikt spiegelte sich die uralte Polarität zwischen den Reichen und Mächtigen der San-Marco-Seite und den kleinen Leuten, Fischern und Handwerkern, auf dem gegenüberliegenden Ufer. Verliebten sich Mädchen und Jungen der verfeindeten Clans ineinander, stand eine Familientragödie ins Haus, und war die Hochzeit unvermeidlich, gingen die Angehörigen durch getrennte Kircheneingänge hinein und hinaus. Bis heute hat sich für das Westviertel die Bezeichnung *Venezia minore*, das »kleine Venedig«, erhalten – die schlichte Architektur, ohne Palastprunk, lässt die Gegensätzlichkeit noch erahnen. Den Ponte dei Pugni, die »Brücke der Faustkämpfe«, gibt es auch heute noch.

Tour 15 Insel Giudecca

Tour-Übersicht:

Verlauf: **Il Redentore › Casa Tre Oci › Zitelle**

Dauer: Gehzeit 1 Std.

Praktische Hinweise:

- Gute Vaporetto-Anbindung von Zattere und San Marco/Vallaresso.

Tour-Start:

Die einstige Klosterinsel, auf der wohlhabende venezianische Familien Sommerresidenzen samt prachtvollen Gärten besaßen und die sich schließlich zu einem bedeutenden Industrie- und Gewerbestandort wandelte – davon zeugt noch heute das gigantische Gebäude des Molino Stucky, heute ein Hilton Hotel. Seit ein paar Jahren befindet sich die Insel im Umbruch. Immer mehr Venezianer zieht es auf die lang gestreckte, ruhige Insel mit bezahlbaren Wohnungen, die nur durch den breiten Giudecca-Kanal vom Zentrum Venedigs getrennt ist. Von touristischem Interesse ist nicht nur der fantastische Blick auf Venedig, sondern vor allem die Renaissancebauten Andrea Palladios.

**Il Redentore 13

Die erste der zwei Pestkirchen Venedigs. Während der Epidemie von 1576, an der auch Tizian starb, gelobte man diesen Bau, den Palladio entwarf (Bauzeit 1577–1592). In der Fassade ist das Tempelmotiv Palladios dreimal verschränkt. Der Innenraum erreicht nicht die überzeugende Klarheit von San Giorgio Maggiore, dafür wurde das ***Presbyterium** ein genialer Wurf: Korinthische Säulen fassen den überkuppelten runden Raum ein und bilden den Rahmen für den frei stehenden prunkvollen Marmorhochaltar. Die jeweils dritte Kapelle auf der rechten und linken Seite schmückt ein Bild aus der Tintorettoschule; in der Sakristei (Zugang dritte Kapelle rechts) ist die »Anbetende Madonna« von Alvise Vivarini (Ende 15. Jh.) einen Blick wert. (Chorus-Kirche, Mo–Sa 10–17 Uhr.)

Beim Redentore-Fest › S. 48 am dritten Julisonntag wird mit einer Schiffsbrücke, einem Riesenfeuerwerk und prächtig geschmückten Wasserfahrzeugen an das Gelübde der Kirchengründung erinnert. Erst-klassig

Palladios Redentore-Kirche

› Karte S. 120

Casa Tre Oci 14

Erst-klassig

Der Uferspaziergang führt mit wunderschönem Blick den Canale della Giudecca entlang, an dem ein paar Cafés zum Verweilen einladen. Haus Nr. 43 ist die **Casa Tre Oci,** »Haus der drei Augen«, ein Jugendstilbau von 1913, heute ein Kulturzentrum.

Zitelle 15

Ein weiterer Palladio-Bau, einst ein Stift für arme Mädchen, heute Ausstellungs- und Kongresszentrum. Die Fassade der Zitelle (Kirche der Jungfrauen) wurde ebenfalls oft kopiert.

SEITENBLICK

Giudecca – Garteninsel oder Ghetto?

Die ursprüngliche Garten- und Gemüseinsel war Sitz einer Garnison, die Sträflinge bewachte; das Wort *giudicati*, Verurteilte, kann ebenso Pate stehen wie die Ableitung von *giudei* (Juden) – vor deren Ansiedlung im Ghetto Anfang des 16. Jhs. ist eine Kolonie auf der Giudecca nachgewiesen. Sträflinge gibt es hier auch heute noch, genauso wie zauberhafte Gärten. In den Zitelle kann man sich ein Bild davon machen. Der Uferstreifen der Giudecca mit dem Prachtblick auf San Marco gilt unter Insidern als die schönste Schlenderpromenade Venedigs; ein Streifzug entlang der Lagunenseite der Insel zeigt ein verträumtes, friedliches Stadtbild, garniert mit den Kränen der gar nicht auf Rosen gebetteten kleinen Werftbetriebe.

Tour 16 Insel San Giorgio Maggiore

Tour-Übersicht:

Verlauf: Venedig › Insel San Giorgio Maggiore

Dauer: 1 Std.

Praktische Hinweise:

- Ab San Zaccaria oder ab Zitelle (Giudecca) zur Isola di San Giorgio Maggiore.
- Eine Besichtigung des Benediktinerklosters ist nur im Rahmen einer Führung möglich (Sa, So 10 bis 17 Uhr, Tel. 04 12 20 12 15, www.cini.it).

Tour-Start: **San Giorgio Maggiore 16

Die malerische Silhouette der vorgelagerten Klosterinsel San Giorgio Maggiore mit dem imposanten Campanile, der dem von San Marco durchaus Konkurrenz macht, gehört ebenso zu Venedigs Stadtbild wie die Basilica di San Marco und der Dogenpalast.

Das Kloster, in dem seit 982 Benediktinermönche residieren und das zeitweise eine der bedeutendsten Niederlassungen des Ordens in Italien war, gelangte 1109 in den Besitz der Reliquien des heiligen Stephanus, was Pilgerströme anlockte. Doch unter Napoleon wurde der zu Reichtum und Ansehen gelangte Orden aufgelöst. Heute leben hier wieder einige wenige Mönche sehr zurückgezogen.

Klosterinsel San Giorgio Maggiore

Die Insel ist Sitz der **Fondazione Cini** mit einem künstlerisch-wissenschaftlichen Studienzentrum und war 1981 Tagungsort des Weltwirtschaftsgipfels.Der heutige Baukomplex entstand im Wesentlichen in der Renaissance, untrennbar verbunden mit dem Baumeister Andrea Palladio sowie mit Baldassare Longhena, der die große Treppe, die Abtwohnung und die Bibliothek beisteuerte.

Die Kirchenfassade gestaltete Palladio mit dem klassischen Motiv aus Säulen und Dreiecksgiebel. Baubeginn war im Jahr 1566, Bauende 1610. Der dreischiffige ***Innenraum** in Kreuzform hat harmonische Proportionen und lässt die gewaltigen Dimensionen der Kirche vergessen. Der ausgesprochen klare Raum wurde dadurch idealer Rahmen für großartige Gemälde.An der rechten Wand des Altarraums hängt das »Abendmahl«, ein berühmtes Spätwerk von Jacopo Tintoretto. Wenn man an dem Gemälde vorbeigeht, scheint der Abendmahlstisch von der einen auf die andere Seite des Gemäldes zu »springen« und den Bildaufbau völlig zu verändern – eine optische Täuschung. Die in unwirklich anmutenden Lichtfluten verklärte Figur des Christus scheint dieses Wunder zu vollbringen. Berühmt in der Kunstgeschichte ist Gerolamo Campagnas Hauptaltarbronze mit dem Thema »Vier Evangelisten halten die Weltkugel, auf der der Allmächtige thront«. Diese Darstellungsweise erfuhr später zahllose Nachahmungen.

Vom **Campanile** hat man einen herrlichen Blick über die Lagune und die Klosteranlage. Hinauf geht es mit dem Aufzug (tgl. 9–18, im Winter 9–17 Uhr, manchmal in der Mittagszeit geschl.).

Erst-! klassig

Ausflüge

Das Beste!

*San Michele 1

Dauer: 1–2 Std.
Praktische Hinweise:
- Ab Fondamenta Nuove ist man mit den Linien 4.1 und 4.2 in wenigen Minuten auf der Insel San Michele.
- Korrekte Kleidung erbeten, Fotografieren verboten.
- Nehmen Sie genug Getränke mit, auf San Michele gibt es keine Gastronomie.

San Michele ist die Friedhofsinsel Venedigs. Seit Beginn des 19. Jhs. werden die Verstorbenen auf geschmückten Gondeln zur Insel gebracht und dort bestattet. Auf dem Gelände der weitläufigen Parkanlage haben Persönlichkeiten wie Ezra Pound, Igor Strawinsky oder Joseph Brodskij ihre letzte Ruhestätte gefunden. Doch längst schon sind die Kapazitäten erschöpft, und so erhielt der Londoner Architekt David Chipperfield den Auftrag, den **Friedhof,** der wie ein griechisches Kreuz gestaltet ist, um 60 000 m² zu erweitern. Hinweistafeln leiten zu den verschiedenen Bereichen: den Schubladengräbern, zum Protestantischen und Griechischen Bereich, wo einige Prominente ihre letzte Ruhe gefunden haben. Die Insel, auf der sich einst ein Kloster befand, ist heute unbewohnt. Besucher kommen v.a. der Renaissancekirche **San Michele** wegen (tgl. 7.30–18 Uhr, im Winter bis 16.30 Uhr).

Am Lido di Venzia mit dem mondänen, traditionsreichen Grand Hotel Excelsior

Tour 17 *Murano 2

Tour-Übersicht:

Verlauf: **Colonna › Palazzo Contarini › Ponte Ballarin › Palazzo da Mula › *Museo del Vetro › SS. Maria e Donato**

Dauer: 3 Std.
Praktische Hinweise:
- Von den Fondamenta Nuove verkehren u.a. die Linien 4.1 und 4.2 zur Insel Murano. Die Überfahrt dauert gut 10 Minuten.

Tour-Start:

Seit dem Mittelalter ist Murano das Zentrum der venezianischen Glasherstellung. Glasbläser in Murano zu sein war einst Ehre und Verpflichtung: Ehen mit Patriziern waren standesgemäß, das Berufsgeheimnis aber war durch die Todesstrafe geschützt, mit der auch das Verlassen der Insel geahndet wurde. Von der Insel Murano aus wurde ganz Europa mit Spiegeln, Kronleuchtern und edlen Gläsern beliefert, bis im 18. Jh. böhmisches Kristall dominierte. Seit dem Jugendstil passt man sich auch in Murano dem Zeitgeschmack an, ohne dabei das klassische Muster je aufzugeben – dadurch wurde die Insel weltberühmt, und ihre Zeitlosigkeit verzaubert immer wieder. Täglich kommen Tausende von Besuchern zum Shopping hierher.

Vom Haltepunkt **Colonna** führen die Fondamenta dei Vetrai am lombardischen **Palazzo Contarini** Ⓐ aus dem 16. Jh. vorbei zum **Ponte Ballarin** Ⓑ mit dem Markuslöwen. Hier wurden Gesetze und Verordnungen verlesen. Jenseits der Brücke schlendert man über den freundlichen Bresagio zum **Leuchtturm** (Faro), von wo die Vaporetti nach Burano ablegen. Der Spaziergang entlang der Fondamenta Manin führt zum hübschen Campo Santo Stefano mit seinen auffälligen Glasobjekten. Vom Campo führt die Brücke zur Kirche **San Pietro Martire.** Durch ein Renaissanceportal (Anfang 16. Jh.) betritt man das Innere, das mit der »Madonna auf dem Thron« eines der Hauptwerke Giovanni Bellinis birgt. Einige Schritte nach links vor der Kanalbrücke Ponte Vivarini liegt der **Palazzo da Mula** Ⓒ. Von der Kanalbrücke aus sieht man die lombardische **Chiesa di Santa Maria degli Angeli.**

Um die Landspitze geht es rechts zum ***Museo del Vetro.** Im ehemaligen Bischofssitz (17. Jh.) wird auf zwei Etagen mit rund 400 Exponaten, darunter kunstvolle Trinkgefäße, Vasen und Schmuckstücke, chronologisch die Entwicklung der Glasbläserkunst von der Antike bis

Murano

Ⓐ Palazzo Contarini
Ⓑ Ponte Ballarin
Ⓒ Palazzo da Mula
Ⓓ SS. Maria e Donato

in die Gegenwart dokumentiert (tgl. 10–18, Nov.–März bis 17 Uhr, www.museovetro.visitmuve.it). Das Museum bietet auch interessante Führungen durch die Sammlung sowie zur renommierten **Abate Zanetti Glasschule,** inklusive Vorführung der Kunst des Glasblasens an (Anmeldung: Tel. 0 41 42 73 08 92).

Die repräsentativ gestaltete Basilika ****SS. Maria e Donato** D ist ein unverfälscht erhaltenes Muster byzantinischen Bauens aus dem Jahr 1140. Eine hölzerne Schiffsbauchdecke überwölbt den Innenraum. Das Hauptaltarmosaik stammt aus der Entstehungszeit, ebenso der Pflanzen- und Tiermotive in leuchtenden Farben zeigende ****Mosaikfußboden.**

Zwischenstopp: **Restaurant**

Ristorante della Mora ●●

Die Osteria ist berühmt für ihre *frittura mista* (frittierte Meeresfrüchte), aber auch für Fischgerichte mit saisonalen Zutaten. Diese werden auch auf einer schönen Terrasse direkt am Rio dei Vetrai serviert.

- Fondamenta Manin 75 a
- Tel. 0 41 73 63 44
- www.ristorantedallamora.com

SEITENBLICK

Glas aus Murano

In Syrien war im 1. Jh. die Glasbläserkunst entdeckt und sogleich perfektioniert worden, wie die Exponate im Glasmuseum Muranos eindrucksvoll beweisen. Im frühen Mittelalter erkannten dann die Venezianer im Zuge ihres Orienthandels, dass mit dem Luxusartikel Glas »glänzende« Geschäfte möglich waren. Sie begannen selbst zu produzieren – schon im Jahr 982 ist der erste Glasbläser urkundlich belegt. Und der Rohstoff? Er wurde importiert aus Syrien, Alexandrien, Catania und Spanien. Silizium und Feuer – das Mineral wird zusammen mit Metalloxiden, die die Farbe bestimmen, in sieben Stunden auf ca. 1300 °C erhitzt; erst dann ist die *fritta,* die Glasmasse, so weit, um dem *maestro vetraio,* dem Glasbläsermeister, zur Herstellung des Endprodukts gereicht zu werden. 1291 verlegte man wegen Feuergefahr die Glasherstellung von Venedig auf die Insel Murano, die 1923 eingemeindet wurde. 1862 wurde auf dem Eiland die Glasfachschule gegründet. Deren Nachfolgeinstitution, die Scuola del Vetro Abate Zanetti lehrt bis heute traditionelle Techniken.

Eine der auf Murano angewandten Schmelztechniken, und zwar nicht die einfachste, heißt *murrino*: Dünne Glasstäbe in verschiedenen Farben werden zu einem polychromen Strang verschmolzen; je nach Zusammensetzung ergibt der Querschnitt dann das beliebte Millefiori-Motiv oder eine beliebige Farbkomposition. Durch die Aufteilung des Glasstrangs in etwa einen Zentimeter lange zylindrische Abschnitte entstanden zunächst lediglich bunte Glasstückchen, die aber als »venezianische Perlen« ebenfalls Weltkarriere machten und in entlegenen Landstrichen sogar als Zahlungsmittel benutzt wurden – noch heute kann man auf afrikanischen Märkten alte venezianische Perlen auftreiben.

11

*Burano 3

Dauer: 3 Std.
Praktische Hinweise:
- Von den Fondamenta Nuove verkehrt die Linie 12 nach Burano, Fahrzeit ca. 45 Min.

Knallblaue, rote, gelbe oder orange gestrichene Häuser sind das Markenzeichen des malerischen Inseldorfs, das zugleich die Wiege der Spitzenstickerei ist, eines sehr ertragreichen Erwerbszweigs der Venezianerinnen seit dem 16. Jh.

An der Piazza Galuppi 187, in der ehemaligen Klöppelschule (1872 bis 1970), zeigt das **Museo del Merletto** (Spitzenmuseum) die Entwicklung des kunstvollen Handwerks und besonders schöne Spitzen (Di–So 10–18, Winter 10–17 Uhr, www.museomerletto.visitmuve.it). Hier kann man auch Klöpplerinnen bei der Arbeit zusehen Echte Burano-Spitzen erhält man nur noch hier und in exklusiven Läden.

Erst-! klassig

Das BILLIGANGEBOT in der Via Galotti stammt meist aus Fernost.

Berühmtester Sohn Buranos ist der Komponist Baldassare Galuppi (1703–1785).

Zwischenstopp: Restaurant

Raffiniert und liebevoll zubereitete Fischgerichte bekommt man in der historischen **Trattoria da Romano** ●●●. ein ehemaliger Künstlertreff.
- Piazza Galuppi 221
- Tel. 0 41 73 00 30

*Torcello 4

Dauer: 3 Std.
Praktische Hinweise:
- Von den Fondamenta Nuove verkehrt die Linie 12 nach Burano, von dort Linie 9 nach Torcello.
- Restaurants und Übernachtungsmöglichkeiten vorhanden (im Winter ist alles geschlossen).

Die ein wenig abgeschieden wirkende Insel, beliebt bei allen, die etwas für Lagunenlandschaften übrig haben, war einst bedeutendes Handelszentrum (gegr. im 5. Jh.) und Bischofssitz. Nur zwei Kirchenbauten blieben erhalten. **Santa Maria Assunta,** die Kathedrale, wurde 639 gegründet und 1008 in ihrer heutigen Gestalt geweiht. Sie ist der älteste erhaltene Bau der Lagune. Um den imposanten Baukörper als Ganzes zu begreifen, muss man ihn umrunden. Nur die Südseite hat Fenster, von Norden kommt kein Licht – dekoratives Denken war damals unbekannt. Im Innenraum (April–Okt. tgl. 10.30–18, im Winter 10–17 Uhr) überzeugt die Weiträumigkeit – Säulen trennen die Schiffe, der Marmorfußboden fasst alles zusammen. Größter Kirchenschatz sind der Lettner – mit vier Reliefs aus der Zeit des 11. Jhs. und den Bildtafeln Marias und der zwölf Apostel (15. Jh.) – sowie die **Mosaiken. Sie gehen im Presbyterium bis auf das 11. Jh. zurück. Das *»Jüngste Gericht« an der Westwand entstand um 1190. Konzeption und Ausführung in sechs Zonen,

Ausflüge
0
5km
San Donà di Piave
Caposile
Sile
Valle Dragaiesolo
Lido di Iesolo
Valle Dogà
Valle Grassabo
Capo del Guardiano
Lido dei Lombardi
Vallio
Roncade
A4
Porto di Piave Vecchia
Palude Maggiore
Valle di Ca' Zane
Portegrandi
Cavallino
Sile
La Valle
Quarto d'Altino
Casale sul Sile
Zero
Altino
Litorale del Cavallino
4 Torcello
Treporti
Dese
3 Burano
Ca' Savio
Gaggio
Terzo
Flughafen Marco Polo
A27
Treviso
Laguna
Punta Sabbioni
Porto di Lido
Golfo di Venezia
Favaro Veneto
Murano 2
Campalto
S.Michele 1
5 Lido
Mestre
S.Giuliano
Litorale di Lido
Porto Marghera
Venedig (Venezia)
Marghera
Veneta
Malamocco
A4
Fusina
Malcontenta
Brenta
Porto di Malamocco
Alberoni
Padova
Strada Romea
Oriago
San Pietro in Volta
Litorale di Pellestrina
Laguna
Mira
6 Pellestrina
Valle Seraglia
Viva
Taglio di Brenta
Valle dell' Averto
Laguna
Porto di Chioggia
Campo-nogara
Prozzolo
Sottomarina
Fosso
Campagna
Lova
Morta
Valle di Millecampi
Chioggia
Valle della Dolce
Brondolo
Valle delle Morosna
Valle di Brenta
Compolongo Maggiore
Brenta
Ravenna, Rimini
Sant' Angelo
Codevigo
Piove di Sacco
Bacchiglione

› Karte S. 135

Lido – der Strand von Venedig

vom Weltenherrscher zu den Verdammten, sind überwältigend.

Die Taufkirche ***Santa Fosca** neben der Basilika, ein Rundbau (um 1100), beweist mit ihren Säulenvorhallen byzantinische Eleganz. Im Inneren beeindrucken die Holzteile der Kuppelkonstruktion sowie die verlängerte Apsis.

Im **Museo di Torcello** bezaubern archäologische Funde aus der Region, Antiquitäten aus der Römerzeit und Kunstwerke des Mittelalters (Di–So 10.30–17.30, im Winter 10 bis 17 Uhr).

Zwischenstopp: **Restaurant**

Die **Locanda Cipriani ●●●**, gegründet von Giuseppe Cipriani, dem Betreiber des legendären Restaurants Harry's Bar, ist genau wie das Haupthaus auf der Giudecca berühmt für das vorzügliche Essen, das allerdings seinen Preis hat. Vorbestellung ratsam.

- Piazza Santa Fosca 29
- Torcello
- Tel. 0 41 73 01 50
- www.locandacipriani.com
- Mi geschl.

Lido 5

12

Dauer: 1 Tag

Praktische Hinweise:

- Von San Zaccaria fahren mehrere Linien zum Lido.
- Viele Strandabschnitte sind für Tagesbesucher nicht zugänglich, da sie den Hotelgästen vorbehalten sind. Ausnahme ist z.B. der Strandbereich unmittelbar neben dem berühmten Hotel Des Bains. Man erreicht ihn auf direktem Weg, wenn man von der Vaporetto-Station dem Viale S. M. Elisabetta folgt.

Als 12 km langer Sandstreifen liegt der Lido zwischen Lagune und Meer und schützt das Stadtgebiet von Venedig vor den Fluten der Adria. Blühende Gärten, weiße Belle-Epoque-Villen und luxuriöse Hotelpaläste zeugen von der Zeit, als sich hier die Hautevolée aus ganz Europa traf. Legendär sind das **Hotel Excelsior** und das mittlerweile geschlossene **Grand Hotel des Bains**, in dem Thomas Mann logierte und an seiner Novelle »Tod in Venedig« arbeitete. Luchino Visconti drehte hier 1970 die Filmadaption.

Der Glanz jener Tage ist verblasst; heute zieht der Lido in der Badesaison Tausende von Urlaubern an, die sich von der Sonne bescheinen lassen, die vielfältigen Sportmöglichkeiten nutzen oder den Abend im **Casino** verbringen. Vor allem für Familien mit Kindern ist der flache Sandstrand der Insel geeignet, wenngleich die Wasserqualität zu wünschen übrig lässt.

Jedes Jahr im September finden im **Palazzo del Cinema** die Internationalen Filmfestspiele statt › S. 116. Sie bringen etwas Glamour auf die einst so exklusive Insel zurück.

Über Malamocco, den 1107 untergegangenen Seehafen, kann man mit dem Bus bis zur Südspitze **Alberoni** weiterfahren.

*Pellestrina 6

Dauer: 1 Tag

Praktische Hinweise:

- Vom Lido regelmäßige Busverbindungen nach Pellestrina (der Bus setzt mit der Fähre über).

Pellestrinas Hauptattraktion sind die **Murazzi**, mächtige, bis zu 4 m hohe Steindämme. Sie wurden im 18. Jahrhundert angelegt, um Venedig vor Hochwasser zu schützen. An der Uferlinie herrscht eine ländliche Atmosphäre: Die Einheimischen braten vor ihren Häusern auf dem Holzkohlengrill ihren Feiertagsfisch. Von der weit entfernten Metropole sind im Dunst nur die Türme der Stadtsilhouette zu erkennen.

Auf der Lagunenseite kann man bei glasklarem Wasser ruhig einen Sprung ins Meer riskieren – Pellestrinas weite Sandstrände gelten unter Venezianern noch als letzter Geheimtipp. Erst-! klassig

SEITENBLICK

Mit dem Burchiello über den Brenta-Kanal

Ursprünglich befuhren Handelsschiffe die Brenta. Viele Gasthäuser und Poststationen säumten das Ufer. Zwischen dem 15. und 17. Jh. begannen venezianische Adelsfamilien entlang dem 27 km langen Brenta-Kanal zwischen Fusina und Stra imposante Villen zu errichten, die von weitläufigen Park- und Gartenlandschaften umgeben waren. Der Besitz einer Sommerresidenz am Brenta-Kanal wurde rasch zu einem Statussymbol. Hier, fernab der kontrollierenden Macht der Serenissima, schuf man sich private Paradiese, bestens geeignet, um sich bei Musik und Theater zu amüsieren, um Klatsch und Tratsch weiterzugeben, aber auch um Großherzöge und Könige zu empfangen.

Mit dem Burchiello, einem geschlossenen Schiff, wurden bereits im 18. Jh. Reisende von Padua nach Venedig und umgekehrt befördert, es gilt als eine der ersten Linienverbindungen überhaupt. Bis heute können Besucher eine solche wunderschöne Schiffstagestour unternehmen. Erst-! klassig Ganz langsam, im Schritttempo, gleitet der moderne Burchiello über den Brenta-Kanal, vorbei an den prächtigen Villen, von denen Foscari-La Malcontenta, Barchessa Valmarana und Nazionale Pisani auch angelaufen und besichtigt werden. Es werden diverse Touren angeboten, einige enden in der zauberhaften Universitätsstadt Padua.

Das Schiff verkehrt März–Nov. Di, Do und Sa, zurück fährt man mit dem Bus. Mi, Fr und So kann man die Tour ab Padua in entgegengesetzter Richtung unternehmen. Preis: 84–94 €, zahlreiche Vergünstigungen; auch Halbtagestouren. Infos unter www.battellidelbrenta.it oder in der Touristeninformation.

Infos von A–Z

Ärztliche Versorgung

Gesetzlich Versicherte können mit der Europäische Krankenversicherungskarte (EHIC) Arzt, Zahnarzt oder ein Krankenhaus konsultieren. Zum Ausschluss der Eigenbeteiligung ist der Abschluss einer privaten Auslandsreisekranken- bzw. Zusatzversicherung zu empfehlen.

Apotheken *(farmacie)* sind Mo–Fr 8.30–12.30 und 15.30–19.30 sowie Sa 9–12.30 Uhr geöffnet.

Behinderte

In den Infobüros (IAT › **S. 139**) erhält man einen Stadtplan, der behindertengerechte Wege (ohne Brücken) verzeichnet. Der Vaporetti-Zugang ist relativ problemlos. Behindertengerechte WCs gibt es u.a. am Piazzale Roma, an der Rialtobrücke und im Dogenpalast.

Diplomatische Vertretungen

- **Deutsches Honorarkonsulat:** Santa Croce 251, Palazzo Condulmer, Fondamenta Condulmer, Tel. 04 15 23 76 75, Fax 04 12 44 84 69, www.rom.diplo.de
- **Österreichisches Honorarkonsulat:** Santa Croce 251, Palazzo Condulmer, Fondamenta Condulmer, Tel. 04 15 24 05 56, Fax 04 15 24 21 51, www.aussenministerium.at/rom
- **Schweizerisches Honorarkonsulat:** Dorsoduro 810, Campo S. Agnese, Tel. 04 15 22 59 96, Fax 04 12 44 38 63, www.eda.admin.ch/roma

Elektrizität

Netzspannung 220 Volt; für Steckdosen braucht man z.T. einen Zwischenstecker *(spina di adattamento)*, erhältlich im Fachhandel, im Supermarkt oder an der Hotelrezeption.

Gepäck

Angesichts der zahlreichen Brücken und holprigen Gassen ist es anstrengend, das Gepäck selbst durch Venedig zu schleppen. Am Piazzale Roma, bei San Marco und an einigen größeren Vaporetto-Stationen warten Gepäckträger. Den Preis sollte man am besten vorher aushandeln. Wer nur einen Tag in Venedig verbringt, kann sein Gepäck am Bahnhof, Piazzale Roma oder am Flughafen einschließen (5 €).

Information

Auskunft vorab erteilt die Italienische Zentrale für Tourismus (ENIT):

- **ENIT Deutschland:** Barckhausstr. 10, 60325 Frankfurt/M., Tel. 0 69/ 23 74 34, Fax 0 69/23 28 94
- **ENIT Österreich:** Mariahilfer Str. 1b, 1060 Wien, Tel. 01/5 05 16 30 12, Fax 01/5 05 02 48
- **ENIT Schweiz:** Uraniastr. 32, 8001 Zürich, Tel. 0 43/4 66 40 40, Fax 0 43/4 66 40 41
- **Internet:** www.enit.it

In Venedig informiert die Azienda di Promozione Turistica (APT) und deren Infobüros (IAT):

- **APT della Provincia di Venezia,** Castello 550, 30122 Venezia (kein Publikumsverkehr)
- **Internet:** www.turismovenezia.it
- **Zentrale Rufnummern:** Tel. 04 15 29 87 11, Fax 04 15 23 03 99 (für APT und IAT-Büros, außer Lido)
- **IAT San Marco** (Pavilion), Palazzina del Santi, Giardinetti Reali
- **IAT Piazzale Roma,** Garage ASM
- **IAT Stazione Santa Lucia** (im Bahnhof)
- **IAT Lido,** Gran Viale S. M. Elisabetta 6A, Tel. 04 15 26 57 11 (Juni–Sept.)

- **Weitere Infos:** Aktuelle Kulturveranstaltungen findet man in der Monats-Gratisbroschüre »Un ospite di Venezia – A guest in Venice«, online unter www.unospitedivenezia.it. Weitere Programmkalender: www.venezia.net, www.veneziasi.it, www.venicebanana.com, www.comune.venezia.it sowie unter www.turismovenezia.it.

Kirchen

Bei Besichtigungen (nur außerhalb der Gottesdienste möglich) sollten Damen die Schultern bedecken, Herren lange Hosen tragen. Einzeleintritt: 3 €, günstiger mit Chorus Pass › **unten**. Über Mittag sind Kirchen meistens geschlossen.

Notruf

- Euronotruf (Carabinieri): Tel. 1 12
- Polizei (Polizia): Tel. 1 13
- Notarzt, Rettungsdienst: Tel. 1 18
- Feuerwehr: Tel. 1 15
- Pannendienst des ACI: Tel. 1 16

Öffnungszeiten

Die meisten Geschäften sind ca. 9 bis 20 Uhr geöffnet, evtl mit Mittagspause ca. 13–16 Uhr. Sa ist normaler Werktag. Viele Läden haben auch So/Fei geöffnet, dafür manche Mo vormittags geschlossen. Banken sind Mo–Fr mind. 8.30 –13.30 Uhr geöffnet. Wechselstuben im Bahnhof, um die Piazza San Marco und rund um die Rialtobrücke sind 9–19 Uhr durchgehend geöffnet.

GUT ZU WISSEN

- **Venice Card:** Die Venice Card gilt 7 Tage (Erw. 39,90 €, Kinder/Jugendliche 6–29 Jahren 29,90 €) und gewährt freien Eintritt in den Dogenpalast, 10 städtische Museen, die 16 Chorus-Kirchen, die Querini Stampalia Foundation und das Jüdische Museum. Zudem gibt es Vergünstigungen für weitere Museen und Ausstellungen (z.B. Biennale, Peggy Guggenheim Museum, Palazzo Fortuny).
  Eine Alternative ist die **San Marco Card** (24,90 €). Sie bietet freien Eintritt in den Dogenpalast und 3 weitere Museen am Markusplatz, 3 Chorus-Kirchen, die Querini Stampalia Found und ermäßigten Eintritt in weitere Museen. Beide Karten sind erhältlich am Flughafen, Piazzale Roma und in allen Hellovenezia-Büros. Alle Infos dazu unter www.hellovenezia.com.
- **Museum Pass** (24 €): freier Eintritt in die Museen am Markusplatz und alle städtischen Museen. Variante: **Musei di Piazza San Marco** (16 €): Die Karte berechtigt zur Besichtigung von Palazzo Ducale, Museo Correr, Museo Archeologico Nazionale, Biblioteca Marciana und einer Ausstellung; Infos zu beiden: www.veniceconnected.com.
- **Chorus-Pass** (10 €): freier Eintritt in 16 Kirchen, erhältlich an den Chorus-Kirchen. Infos: www.chorusvenezia.org.
- **Fahrkarten:** An einigen Vaporetto-Anlegern kann man auch Zeitkarten der Actv kaufen, die **Tourist Travel Card** für 12 Std. (18 €), 24 Std. (20 €), 36 Std. (25 €), 48 Std. (30 €) und 72 Std (35 €). Das 7-Tage-Ticket kostet 50 €. Infos unter www.actv.it und www.veniceconnected.com.
- **Tickets online reservieren:** Unter www.veniceconnected.com kann man (spätestens 7 Tage vor Reiseantritt) Tickets für Museen, Verkehrsmittel etc. zu einem besonders günstigen Tarif kaufen.

Post

Die Postämter sind Mo–Fr 8–13.30 Uhr geöffnet. Briefmarken verkaufen Postämter und Tabacchi-Läden.

Das neue Hauptpostamt *(poste centrali)* befindet sich in der Ca' Faccanon, Nähe Rialtobrücke (San Marco 5016).

Quittungen

Gemäß den italienischen Steuergesetzen muss man sich für Dienstleistungen, auch beim Bar-, Restaurant- oder Friseurbesuch, eine Quittung *(ricevuta fiscale)* ausstellen lassen und diese aufbewahren.

Stadtführungen

Wer zum ersten Mal Venedig besucht, sollte sich einer Stadtführung anschließen, die auch in deutscher Sprache angeboten werden. Neben normalen Stadtrundgängen gibt es auch thematische Führungen, z.B. durch den Dogenpalast, die Basilica die San Marco, aber auch »Murders and Mystery Touren«, Gondelfahrten … Auskünfte und Adressen unter www.tours-venice-italy.com, www.venetoinside.com, www.turive.it, www.stadtfuehrungen-venedig.de.

Sicherheit

Papiere und größere Geldbeträge gehören – wie überall – in den Hotelsafe; man sollte auch keine Wertgegenstände im Auto liegen lassen und den Pkw nur auf bewachten Parkplätzen abstellen. Der Abschluss einer Reisegepäckversicherung ist ratsam. Alleinreisende Frauen können sich in Venedig generell sicher fühlen.

Tauben

Auch wenn es ein populäres Fotomotiv ist: Das Taubenfüttern auf dem Markusplatz ist ausdrücklich verboten und wird im schlimmsten Fall mit einer Geldbuße von 500 € geahndet!

Telefonieren

Telefonieren kann man von öffentlichen Fernsprechern aus mit Telefonkarten *(scheda telefonica).* die man z.B. in *tabacci-Läden* erhält.
Mobiltelefone funktionieren in Italien per Roaming problemlos.

In Italien ist die mit 0 beginnende Ortskennziffer (0 41 für Venedig) fester Bestandteil der Teilnehmernummer, sie muss also immer mitgewählt werden.

Die Vorwahl von Italien nach Deutschland ist 00 49, nach Österreich 00 43, in die Schweiz: 00 41.

Toiletten

Im Centro storico gibt es ein gutes Netz öffentlicher Toiletten (ausgeschildert). Benutzung: 1,50 €, es sei denn, man ist im Besitz der Toilet Card (2-mal tgl. 3 €, 10-mal wöchentlich 10 €).

Zoll

Innerhalb der EU-Länder sind Geschenke und Mitbringsel zollfrei; bei Waren für den persönlichen Gebrauch gelten als Richtmenge 800 Zigaretten, 10 l Spirituosen, 90 l Wein pro Person ab 15 bzw. 17 Jahre. Für Bürger der Schweiz sind zollfrei: 200 Zigaretten, 1 l Spirituosen und 2 l Wein, Geschenke im Wert von bis zu 300 CHF.

Urlaubskasse	
Espresso	1,20–5 €
Glas Bier	3–6,50 €
Glas Wein	1,50 – 4,50 €
Kugel Eis	2 €
Pizzaecke (zum Mitnehmen)	2,50–4 €
Vaporetto (Einzelfahrt)	7 €
Gondelfahrt (ca. 40 Min.)	80 € (20 bis 30 €/Pers.)

Register

Bildnachweis

Coverfoto Gondelfahrt © Interfoto/Jan Wlodarczyk

Fotos Umschlagrückseite © Fotolia/Alisa Paun (links); Ernst Wrba (Mitte), shutterstock/cristalvi (rechts)

Alamy/DGB: 114; Alamy/grabshot.com: 18; Alamy/Sylvia Cordaiy Photo Library Ltd.: 106; Alamy/Rolf Richardson: 13; Alamy/Matthias Scholz: 115;

APA Publications/Ros Miller: 27, 39, 65, 136; Bildagentur Huber/Guido Baviera: 92, 117, 118; Bildagentur Huber/Peter Fischer: 93; Bildagentur Huber/Gräfenhain: 32, 72; Bildagentur Huber/Johanna Huber: U2-1, 56, 70, 130; Bildagentur Huber/Lubenow: 84; Bildagentur Huber/Fantuz Olimpio: 17; Bildagentur Huber/G. Simeone: 59, 60; Fotolia/Goran Bogicevic: 47; Fotolia/Rob Bouwman: U2-4; Fotolia/Alisa Paun: 10; Fotolia/Prescott09: 110; Fotolia/Jakob Radlgruber: 79; Fotlia/Zechal: 113; Rainer Hackenberg: 104; Herbert Hartmann: 21; laif/Celentano: 81; laif/Hemis: 129; laif/Dieter Klein: 55, 58, 103, 124; laif/Zurita/de Pablo: 28; LOOK-foto/Sabine Lubenow: 52; LOOK-foto/age fotostock: 89; LOOK-foto/Rainer Martini: 50; LOOK-foto/Jürgen Richter: 1; mauritius-images/Nägele: 14; Pixelio/Dobrindt I.: 54; Pixelio/Thomas Max Müller: 94, 100; Pixelio/Birgit Winter: 74; Gudrun Raether-Klünker: 20, 25, 43, 77, 98; Heidrun Reinhard: 66; Schapawalow/SIME/Collin Dutton: 34; Schapawalow/SIME/Luca da Ros: 6; shutterstock/bertl123: 9; shutterstock/leoks: 12; shutterstock/pecold: 48; shutterstock/WH CHOW: 68; Web Gallery of Art: 82; Wikipedia Commons: U2-2; Ernst Wrba: U2- 4, 44, 90, 123, 127.

Impressum

Herausgeber: TRAVEL HOUSE MEDIA GmbH, München
Verlagsleitung: Michaela Lienemann
Redaktionsleitung: Grit Müller
Autorinnen: Christine Hamel und Gudrun Raether-Klünker
Redaktion: Christian Steinmaßl
Bildredaktion: Ulrich Reißer und Martin Waller
Visuelle Neukonzeption und Layout: Gramisci Editorialdesign, München, und Ute Weber, Geretsried
Titeldesign-Konzept: Gramisci Editorialdesign, München, und Ute Weber, Geretsried
Karten und Pläne: Gecko-Publishing GmbH, Bad Endorf
Satz: Ute Weber, Geretsried
Druck: Stürtz Mediendienstleistungen, Würzburg

Dieses Buch wurde auf chlorfrei gebleichtem Papier gedruckt.
ISBN 978-3-8464-9754-8

www.polyglott.de

Liebe Leserin, lieber Leser,

wir freuen uns, dass Sie sich für diesen Polyglott on tour entschieden haben.
Unsere Autorinnen und Autoren sind für Sie unterwegs und recherchieren sehr gründlich, damit Sie mit aktuellen und zuverlässigen Informationen auf Reisen gehen können. Dennoch lassen sich Fehler nie ganz ausschließen. Wir bitten Sie um Verständnis, dass der Verlag dafür keine Haftung übernehmen kann.

Ihre Meinung ist uns sehr wichtig. Bitte schreiben Sie uns:
TRAVEL HOUSE MEDIA GmbH, Redaktion Polyglott, Grillparzerstraße 12, 81675 München, redaktion@polyglott.de

Langenscheidt Mini-Dolmetscher Italienisch

Allgemeines

Guten Tag.	Buongiorno. [buon**d~~sch~~or**no]
Hallo!	Ciao! [**tscha**o]
Wie geht's?	Come sta? [**ko**me sta]
Danke, gut.	Bene, grazie. [**bä**ne **gra**zje]
Ich heiße ...	Mi chiamo ... [mi kj**a**mo]
Auf Wiedersehen.	Arrivederci. [arriwe**der**tschi]
Morgen	mattina [mat**ti**na]
Nachmittag	pomeriggio [pome**rid~~sch~~**o]
Abend	sera [**ß**era]
Nacht	notte [**not**te]
morgen	domani [do**ma**ni]
heute	oggi [**od~~sch~~**i]
gestern	ieri [**jä**ri]
Sprechen Sie Deutsch?	Parla tedesco? [**par**la te**des**ko]
Wie bitte?	Come, prego? [**ko**me **prä**go]
Ich verstehe nicht.	Non capisco. [non ka**pis**ko]
Sagen Sie es bitte nochmals.	Lo può ripetere, per favore. [lo pu**o** ri**pä**tere per fa**wo**re]
..., bitte.	..., per favore. [per fa**wo**re]
danke	grazie [**gra**zje]
Keine Ursache.	Prego. [**prä**go]
was / wer / welcher	che / chi / quale [ke / ki / kua**le**]
wo / wohin	dove [**do**we]
wie / wie viel	come / quanto [**ko**me / kua**n**to]
wann / wie lange	quando / quanto tempo [ku**a**ndo / ku**a**nto **täm**po]
warum	perché [per**ke**]
Wie heißt das?	Come si chiama? [**ko**me ßi kjama]
Wo ist ...?	Dov'è ...? [do**wä**]
Können Sie mir helfen?	Mi può aiutare? [mi pu**o** aju**ta**re]
ja	sì [ßi]
nein	no [no]
Entschuldigen Sie.	Scusi. [**sku**si]
Gibt es hier eine Touristeninformation?	C'è un ufficio di turismo qui? [**tschä** un uf**fi**tscho di tu**ris**mo ku**i**]
Haben Sie einen Stadtplan?	Ha una pianta della città? [a **u**na pj**an**ta **del**la tschit**ta**]
Wann ist ... geöffnet?	A che ora è aperto (m.) / aperta (w.) ...? [a **ke o**ra ä a**pär**to / a**pär**ta]
das Museum	il museo (m.) [il mu**se**o]

Shopping

Wo gibt es ...?	Dove posso trovare ...? [**do**we **pos**so tro**wa**re]
Wie viel kostet das?	Quanto costa? [ku**an**to **kos**ta]
Wo ist eine Bank?	Dov'è una banca? [do**wä** una **bang**ka]
Ich suche einen Geldautomaten.	Dove posso trovare un bancomat? [**do**we **pos**so tro**wa**re un bangko**mat**]
Geben Sie mir 100 g Käse / zwei Kilo Pfirsiche	Mi dia un etto di formaggio / due chili di pesche. [mi **di**a un **ät**to di for**mad~~sch~~o** / **du**e **ki**li di **päs**ke]
Wo kann ich telefonieren / eine Telefonkarte kaufen?	Dove posso telefonare / comprare una scheda telefonica? [**do**we **pos**so telefo**na**re / kom**pra**re una **ske**da tele**fo**nika]

Essen und Trinken

Die Speisekarte, bitte.	Il menu per favore. [il me**nu** per fa**wo**re]
Brot	pane [**pa**ne]
Kaffee	caffè / espresso [kaf**fä** / es**präs**so]
Tee	tè [tä]
mit Milch / Zucker	con latte / zucchero [kon **lat**te / **zuk**kero]
Orangensaft	succo d'arancia [**suk**ko da**ran**tscha]
Mehr Kaffee, bitte.	Un altro caffè, per favore. [un **al**tro kaf**fä** per fa**wo**re]
Suppe	minestra [mi**näs**tra]
Nudeln	pasta [**pas**ta]
Fisch / Meeresfrüchte	pesce / frutti di mare [**pe**sche / **frut**ti di **ma**re]
Fleisch	carne [**kar**ne]
Geflügel	pollame [pol**la**me]
Beilage	contorno [kon**tor**no]
vegetarische Gerichte	piatti vegetariani [pj**at**ti wed~~sch~~etar**ja**ni]
Ei	uovo [u**o**vo]
Salat	insalata [inßa**la**ta]
Dessert	dolci [**dol**tschi]
Obst	frutta [**frut**ta]
Eis	gelato [d~~sch~~e**la**to]
Wein	vino [**wi**no]
Bier	birra [**bir**ra]
Wasser	acqua [**a**kua]
Mineralwasser	acqua minerale [**a**kua mine**ra**le]
mit / ohne Kohlensäure	gassata / naturale [gas**sa**ta / natu**ra**le]
Ich möchte bezahlen.	Il conto, per favore. [il **kon**to per fa**wo**re]